Thomas Öchsner

Ihr Geldanlage für eine bessere Rente

Vermögens-Turbo ab 50

Inhaltsverzeichnis

48
Reich in Rente: mit der richtigen Strateg den Traum verwirkli chen

12
Der Vermögens-Check: Durchleuchten Sie Ihr Depot.

105
Risiko steuern: So wählen Sie passende ETF aus.

94

Wünsche erfül-
len: So bauen
Sie Vermögen
für eine Zusatz-
rente auf.

28

Mehr Geld herausho-
len: wie man gesetz-
liche und private Ren-
te optimiert

76

Immobilienkauf mit
Mitte 50: So lässt er
sich sicher finanzie-
ren.

Was wollen Sie wissen?

Sie sind Anfang 50, vielleicht etwas jünger oder älter? Sie haben noch einige Jahre bis zum Absprung in die Rente? Dann ist es jetzt an der Zeit, den Vermögens-Turbo zu zünden und eine Strategie für einen finanziell sorgenfreien Ruhestand zu entwickeln.

> **Beim Thema Geld fühle ich mich unsicher. Was muss ich tun, damit ich weiß, ob bei meinen Finanzen etwas im Argen liegt?**

Wie steht es um Ihre Finanzen? Haben Sie genug Geld für Notfälle angespart? Bleibt Ihnen überhaupt Geld übrig, um etwas für die Zukunft zurückzulegen? Sie haben vielleicht noch 7, 10, 12 oder 15 Jahre bis zum Renteneintritt? Dann ist die Zeit reif, für einen persönlichen Finanz-Check. Dafür sollten Sie zunächst einen Kassensturz machen, Ihre Einnahmen und Ausgaben gegenüberstellen und Ihr Wertpapierdepot, falls bereits vorhanden, einer kritischen Prüfung unterziehen. Zur Bestandsaufnahme gehört auch, einen Blick auf das zukünftige Alterseinkommen zu werfen. Gewiss, da gibt es die eine oder andere Unsicherheit. Es ist aber gut zu wissen, wie viel man beim Eintritt in die Rente mit frühestens 63 Jahren oder später einmal zur Verfügung haben dürfte – und zwar netto nach diversen Abzügen, mit denen Sie auch als Rentner werden leben müssen. Wie das alles geht und was Sie dabei beachten müssen, können Sie im Kapitel „Ihr Weg zum Vermögen" ab S. 9 lesen.

Meine Altersrente wird später nicht allzu üppig sein. Wie kann ich meine Rente noch optimieren?

Die meisten Menschen erhalten keine hohen gesetzlichen Renten. Wer mehr als 1 500 Euro im Monat bekommt, liegt schon deutlich über dem Durchschnitt. Man kann aber nicht nur durch freiwillige Einzahlungen seine Rentenansprüche erhöhen und Abschläge mindern, die bei einem vorzeitigen Eintritt in den Ruhestand fällig werden. Wichtig ist es, sich eine zusätzliche Altersvorsorge aufzubauen. Vielleicht haben Sie einen Riester-Vertrag oder knapsen von Ihrem Gehalt Geld für eine spätere Betriebsrente ab. Doch ist das Geld dort gut angelegt? Im Kapitel „Rente optimieren" ab S. 27 lesen Sie, wie Sie mehr aus Ihrer gesetzlichen Rente und Ihrer Riester-Rente machen können, was möglich ist, um Ihre betriebliche Altersvorsorge aufzubessern, und wie Sie als Selbstständiger zusätzlich vorsorgen und Steuern sparen können.

Ich bin schon Anfang 50. Kann ich jetzt noch etwas tun, um mir ein Vermögen aufzubauen?

Zum Sparen ist es in der zweiten Lebenshälfte nicht zu spät. Und auch mit kleinen Beträgen von 50 oder 100 Euro im Monat können Sie langfristig einiges erreichen. Je mehr Zeit Sie zur Verfügung haben, je mehr Geld Sie monatlich zurücklegen können, je besser und länger Sie vom Zinseszinseffekt profitieren, desto leichter können Sie ein Vermögen aufbauen. Davon lässt sich zum Beispiel eine Weltreise finanzieren, doch noch eine Immobilie kaufen oder eine Zusatzrente auszahlen. Es ist gut, wenn Sie ein eindeutiges, konkretes Ziel vor Augen haben, etwas Schönes mit dem Sparen verbinden und sorgsam planen. Das hilft auch, Durststrecken zu überstehen. Was Sie dabei nicht vergessen sollten, lesen Sie im Kapitel „Ihr Weg zum Vermögen" ab S. 9.

Ich bin beim Geldanlegen ziemlich planlos. Welche Strategie sollte ich anwenden?

Finanztest hat das Pantoffel-Portfolio entwickelt – eine Geldanlage-Strategie, die so bequem ist wie ein Pantoffel und die für jede und jeden passt. Sie beruht auf einer Kombination von weitgehend sicheren Zinsanlagen (etwa Tages- und Festgeld) mit weltweit anlegenden Aktien-ETF. Diese Exchange Traded Funds (ETF) sind börsengehandelte Indexfonds. Sie sammeln das Geld der Anleger und stecken es in eine Vielzahl von Aktien, Anleihen und anderen Wertpapieren.

Durch einen „Sicherheitsbaustein" werden kurzfristige Rückschläge an den Aktienmärkten besser abgefedert. Gleichzeitig stehen mit der Anlage in Aktien-ETF Ihre Chancen gut, langfristig ordentliche positive Erträge zu erzielen, die oberhalb der Teuerungsraten liegen. In unserem Buch finden Sie sechs verschiedene Musterfälle als Beispiele, wie Sie dem Wunschziel „Vermögens-Turbo" näherkommen können. Nachzulesen in vier Kapiteln ab S. 67.

Oft höre ich was von ETF. Kann ich damit die Geldanlage aufpeppen?

Aktienanlagen bringen auf lange Sicht die einträglichsten Renditen und sind für langfristige Sparer als zusätzliche Altersvorsorge gut geeignet. Einfach und kostengünstig geht dies mit ETF (Exchange Traded Funds, siehe S. 53), die möglichst genau der Entwicklung eines Börsenindex folgen. Steigt etwa der MSCI World um fünf Prozent, klettert auch der ETF auf den MSCI World um fünf Prozent. Was alles mit ETF möglich ist, zeigen Musterpaare ab S. 84. Weitere praktische Tipps finden Sie ab S. 129 im Kapitel „Geldanlage managen".

Ich habe wenig Geld zum Sparen übrig. Kann ich trotzdem noch etwas tun?

Wer nicht allzu viel übrig hat, um es auf die Seite zu legen, sollte nicht gleich aufgeben – nach dem Motto: Das lohnt sich für mich doch sowieso nicht. Erstens macht bekanntlich „Kleinvieh auch Mist". Und zweitens sollten gerade Gering- oder Durchschnittsverdiener alle Chancen nutzen, die sich bieten. Und das heißt, vor allem Zuschüsse, ob vom Betrieb oder vom Staat, abgreifen – und eigene Sparpotenziale entdecken. Wer weniger ausgibt, unnötige Kosten reduziert, kann mehr Geld für eine Zusatzrente sparen. Unser Musterehepaar macht's vor, im Kapitel „Garantiert sicher vorsorgen", ab S. 115.

Wir haben schon Geld gespart. Wie können wir uns später daraus eine Zusatzrente zahlen lassen?

Egal, ob Sie schon ein kleines Vermögen haben oder es sich in den nächsten Jahren bis zum Ruhestand ansparen wollen: Sie brauchen nicht unbedingt eine Versicherung, um sich eine Zusatzrente auszahlen zu lassen. Das können Sie auch selbst managen und bereits jetzt entsprechend planen. Wenn Sie zum Beispiel 50 000 Euro auf der hohen Kante haben, und das Geld liegt unverzinst auf einem Tagesgeldkonto, können Sie 15 Jahre lang jeden Monat immerhin rund 278 Euro abheben, ehe das Kapital verbraucht ist. Eine deutlich höhere Monatsrente ist drin, wenn es Ihnen gelingt, Ihr Geld arbeiten zu lassen und Zinsen zu bekommen. Besonders lange kann es reichen, wenn Sie es schaffen, mit einem Anteil von Aktien-ETF in Ihrem Pantoffel-Portfolio (siehe ab S. 52) höhere Renditen zu erzielen. Darauf müssen Sie, das zeigen wir Ihnen in diesem Buch, auch im Ruhestand nicht unbedingt verzichten.

Ihr Weg zum Vermögen

Sie haben noch zehn oder 15 Jahre bis zum Ruhestand? Sie wollen Geld anlegen, um vorzusorgen oder sich im Alter diesen oder jenen Wunsch zu erfüllen? Dann ist es Zeit für Ihren persönlichen Finanz-Check samt Turbo-Kick.

Ein Turbo ist bei Autos dazu da, die Leistung des Motors zu steigern. Doch auch bei der Geldanlage können Sie von Turbo-Effekten profitieren, um Ihrem Vermögensaufbau auf dem Endspurt bis zur Rente noch einmal ordentlich Schwung zu geben. Selbst, wenn Ihre Möglichkeiten zum Sparen überschaubar sind, können Sie die beiden wichtigsten Komponenten nutzen, um Ihren persönlichen Anlage-Turbo zu zünden:

▶ **Den Zinseszinseffekt.** Die bei der Geldanlage erzielten Erträge werden auf das Kapital draufgeschlagen und vermehren sich anschließend Jahr für Jahr weiter.

▶ **Den Ertragsbringer Aktien.** Wer in Aktien breit gestreut und langfristig anlegt, ist am Wachstum von Unternehmen beteiligt, erhält oft als Dividende einen Teil der Gewinne ausgezahlt und erzielt damit höhere Renditen als mit anderen Anlageformen. Aktien sind daher das ideale Mittel, um die finanziellen Ziele zu erreichen, die Ihnen vorschweben.

Erst mal einen Kassensturz

Egal, ob Fonds oder Sparkonten, Kapitalerträge oder Nebeneinkünfte – die finanzielle Bestandsaufnahme ist die Basis, um mehr aus seinem Geld zu machen.

Stellen Sie sich vor: Alles, was Sie an Geld, Aktien, Fonds und Wertpapieren zusammengetragen haben, bildet das Kapital Ihres persönlichen Wirtschaftsunternehmens. Und nun ist die Inventur fällig. Wie genau kennen Sie Ihr Geschäft dann? Sind Sie wirklich auf dem Laufenden? Oder kann es sein, dass Sie bisher über Ihr Unternehmen nur Ungefähres wissen: Es sieht gar nicht so schlecht aus, ein bisschen was ist auf der hohen Kante, und es hat bislang immer „irgendwie" gereicht? Das ist gut für Sie, nur: Um Ihr „Unternehmen" fit für die Zukunft zu machen und an den richtigen Stellen klug zu investieren, müssen Sie sich einen grundlegenden Überblick über die eigenen Einnahmen und Ausgaben inklusive Ihrer Schulden verschaffen. Das ist die Voraussetzung, um Ihr Vermögen zu vermehren, dessen Anlage zu optimieren und Ihre persönlichen Ziele zu erreichen.

Dazu sollten Sie Ihre Konten und Versicherungspolicen checken, Ihr Wertpapierdepot und andere Vermögensbestände durchsehen. Und Sie sollten den Vermögens-Turbo zünden, sich grundsätzlich überlegen, welches Risiko Sie dafür eingehen wollen und ob Ihre bestehenden Anlagen zu Ihrem Risikoprofil passen. Dabei dürfen Sie Ihre Immobilien nicht vergessen. Erst dann wissen Sie, wie viel Geld Sie tatsächlich übrig haben. Und erst dann lässt sich überlegen, was Sie mit Ihrem Vermögen noch besser machen können und was noch zu tun ist, um Ihre Vermögensziele zu erfüllen und Ihren Lebensstandard im Alter halten zu können.

Richtig gesichtet – halb gewonnen

So wie Rock oder Hose die richtige Größe haben müssen, müssen auch die gewählten Anlageprodukte passen. Oft ist dies nicht der Fall. 95 Prozent der von Finanzvertrieben und Geldinstituten angebotenen Produkte für die Geldanlage und Altersvorsorge „waren nicht im besten Kundeninteresse". Das zeigt eine Untersuchung des „Marktwächters Finanzen" der Verbraucherzentrale Baden-Württemberg. Die Analyse stammt zwar aus dem Jahr 2015. Viel dürfte sich daran aber nicht geändert haben. Andere Studien zeigen ebenfalls, dass viele Finanzprodukte für die Verbraucher zu riskant und unflexibel sind, sich kaum lohnen oder mit zu hohen Kosten verbunden sind. Das hat auch mit einer Beratung zu tun, die oft eher ein Verkaufsgespräch ist und dem Vermittler oder seinem Arbeitgeber Provision bringt. Auch deshalb haben sich in vielen Depots diverse Altlasten angesammelt. Umso besser, wenn Sie einmal einen kritischen, „entsorgenden" Blick auf Ihre Finanzen werfen (siehe S. 12).

Zunächst sollten Sie auf Ihre Schulden schauen. Dabei ist zu bedenken: Ratenkredite sind teuer! Kredite kosten in der Regel mehr Zinsen, als durch eine sichere Geldanlage hereinzuholen ist. Schulden abzubezahlen und Ratenkredite abzulösen ist deshalb der erste Schritt hin zu einem besseren Umgang mit Ihrem Geld. Das gilt erst recht, wenn Ihr Girokonto ständig überzogen ist und Sie mit Ihrem Dispokredit teilweise auf Pump leben. Dann sollten Sie zunächst über ein rigides Kostenmanagement dieses Problem lösen, bevor Sie sich an alles andere wagen. Wobei es natürlich auch hier Ausnahmen von der Regel gibt: Intelligent Schulden zu machen kann sinnvoll sein, etwa für den Immobilienerwerb und wenn Sie als Vermieterin oder Vermieter Zinsen von der Steuer abziehen können.

Im nächsten Schritt sollten Sie alle Bestandteile Ihres Vermögens auflisten. Dabei verschaffen Sie sich zunächst einen Überblick über Ihre liquiden, also verfügbaren und Ihre illiquiden Anlagen, also das Vermögen, an das Sie nicht schnell und oft erst nach Jahren herankommen.

Weder die Briefmarkensammlung noch eine teure Uhr, weder Kunstgegenstände noch die Beteiligung an einem geschlossenen Immobilienfonds sind liquide. Über Geld, das auf einem Giro- oder Tagesgeldkonto liegt, können Sie hingegen täglich verfügen, Aktien, Anleihen oder Investmentfonds lassen sich börsentäglich verkaufen.

An zwei bis drei Nettogehälter für Notfälle sollten Sie jederzeit herankommen. Verfügen Sie über ein größeres Wertpapierdepot, sind 5 bis 15 Prozent des Wertes eine sinnvolle Barreserve.

An die Zusatzeinkünfte denken

Zum Vermögens-Check gehört auch eine Kassenprüfung. Schreiben Sie alle Einnahmen und Ausgaben für sich auf, auch solche, die nicht monatlich anfallen, wie etwa die Kfz-Versicherung oder die Rundfunkgebühr. Dabei helfen Haushaltsbücher oder diverse Finanz-Apps.

Sofern vorhanden, sollten Sie beim Kassensturz auch Ihre Zusatzeinkünfte nicht vergessen. Das gilt vor allem für Mieteinnahmen und Kapitaleinkünfte. Mieteinnahmen sollten Sie eher realistisch kalkulieren. Das heißt: Rechnen Sie nicht mit der Bruttomiete, sondern ziehen Sie davon die von Ihnen zu tragenden Betriebskosten, Verwaltungsausgaben, Zins und Tilgung und eine von Ihnen festgelegte Instandhaltungsrücklage ab. Hilfsweise können Sie auch den Betrag verwenden, den das Finanzamt als Gewinn aus Vermietung und Verpachtung in der Steuererklärung berücksichtigt. Aber denken Sie daran: Davon sind noch die darauf fälligen Steuern abzuziehen.

Zu den Kapitaleinkünften gehören Zinsen, aber auch realisierte Kursgewinne etwa aus dem Verkauf von Aktien, die es jedoch normalerweise nicht regelmäßig gibt. Ferner Dividenden, die Unternehmen ihren Aktionären oder Genossenschaften ihren Mitgliedern ausschütten. Oder zum Beispiel Erträge aus Unternehmensbeteiligungen, sofern Sie sich etwa über Crowdinvesting an Immobilienprojekten, Solar- oder Windparks beteiligt haben. Am schnellsten finden Sie diese Kapitalerträge sauber aufgelistet in der Mitteilung, die Ihnen die Bank oder der Anbieter Anfang des Jahres für Ihre Steuererklärung schickt. Dort sollte auch vermerkt sein, ob Sie auf die Erträge bereits Kapitalertragsteuer gezahlt haben oder Sie per Freistellungsauftrag davon befreit waren. Auch hier sollten Sie mit den Nettobeträgen kalkulieren und berücksichtigen, dass Dividenden und andere Erträge aus Beteiligungen schwanken oder sogar ausfallen können. Die Erträge aus dem vergangenen Jahr sind nur ein Anhaltspunkt dafür, was im laufenden Jahr oder in den kommenden Jahren zu erwarten ist.

Durchleuchten Sie Ihr Depot

Wer ein Wertpapierdepot hat, sollte es regelmäßig prüfen und sich von Altlasten befreien. Sieben Schritte helfen Ihnen dabei.

Zur Bestandsaufnahme Ihres persönlichen Vermögens gehört auch ein gründlicher Check Ihres Wertpapierdepots. Dabei sollte es nicht allein um die Wertentwicklung Ihrer Fonds, Aktien, Anleihen oder Rohstoffe gehen. Idealerweise verbinden Sie den Depot-Check gleich mit einem finanziellen „Hausputz" und misten alles aus, was Sie nicht brauchen, was Ihrem Risikoprofil nicht entspricht, was Sie gekauft haben, sich aber jetzt als Missgriff erweist.

Denn wer für die Zukunft einen Investitionsplan aufstellen will, sollte eine solide Grundlage haben, also ein aufgeräumtes Depot. Dazu braucht es sieben Schritte.

1. Klumpenrisiko reduzieren

Finanztest rät Privatanlegern schon lange, ihr Geld vor allem in globale ETF zu stecken, um das Risiko zu minimieren. Häufig legen sich Bankkunden jedoch das ins Depot, von dem sie glauben: Hier kenne ich mich aus.

Die Folgen: Im Portfolio befinden sich dann zum Beispiel viele Fonds, die in deutsche Aktien investieren – oder Einzelaktien bekannter Unternehmen aus Deutschland. Wissenschaftliche Studien belegen, dass in den Wertpapierdepots deutscher Direktbankkunden Anlagen mit einem Bezug zu Deutschland besonders stark vertreten waren. Anleger, die deutsche Titel bevorzugen, holen sich jedoch ein Klumpenrisiko ins Depot: Sie sind zu sehr abhängig vom Wohl und Wehe der Unternehmen in Deutschland. Prüfen Sie also, ob Sie in Ihrem Depot ein Übergewicht mit deutschen Aktien haben, und verringern Sie das gegebenenfalls.

2. Mit Einzelaktien sehr vorsichtig sein

Finanztest warnt davor, zu versuchen, sich bestimmte Aktien herauszupicken. Die Entscheidung für eine bestimmte Einzelaktie erfolgt meist eher willkürlich, das geht oft nicht gut und drückt die Rendite. Sollten Sie trotzdem gerne mal auf einen heißen Tipp hören und mit Einzelaktien spekulieren wollen: Achten Sie darauf, dass Sie nur Geld verwenden, das Sie weder jetzt noch in Zukunft unbedingt brauchen. Den Verlust des für Einzelaktien eingesetzten Kapitals sollten Sie notfalls verschmerzen können. Einzelaktien sollten, wenn überhaupt, nur eine Beimischung von zehn oder 15 Prozent in einem größeren Depot sein. Je nachdem, welches Risiko Sie eingehen wollen, reduzieren Sie, falls nötig, das Übergewicht bei den Einzelaktien. Wenn Sie dabei Kursgewinne aus den vergangenen Jahren durch einen Verkauf sicherstellen können, umso besser.

3. Depotleichen endlich mal ausmisten

Trennen Sie sich von Wertpapieren, die Sie mit Ihrem heutigen Informationsstand auf keinen Fall noch einmal kaufen würden – selbst wenn sie tief im Minus stehen. Es ist keine gute Idee, Fehlinvestments durchzuhalten, in der Hoffnung, irgendwann wird doch wenigstens der Kaufkurs wieder erreicht sein. Ziehen Sie lieber einen Schlussstrich und entschlacken Ihr Depot. Oft handelt es sich um Einzelaktien, die Ihnen womöglich irgendwann mal jemand als heißen Tipp ans Herz gelegt hat, oder um Branchen- oder Themenfonds. Zur Jahrtausendwende, als der Neue Markt boomte, setzten zum Beispiel Millionen Bundesbürger auf Internetbuden, die sich später als Luftnummern entpuppten. Heute werden hochspekulative Aktientipps wie Aktien von Wasserstoff-Unternehmen über soziale Netzwerke, Whatsapp-Gruppen oder bestimmte Finanznewsletter weitergereicht. Finden Sie in Ihrem Depot solche „Leichen", sollten Sie diese über einen Verkauf endgültig begraben. Dann trennen Sie sich auch mental davon und müssen sich nicht mehr über die hohen Kursverluste ärgern.

4. Mit Verlusten richtig umgehen

Ein Verlust wird als schmerzvoller empfunden als die Freude über einen entsprechenden realisierten Gewinn. Menschen neigen daher dazu, Verluste lieber zu verdrängen und auszublenden, was an ihrem Selbstbild kratzen könnte. Wenn wir gewinnen, erinnern wir uns hingegen gerne daran. Wir neigen deshalb auch dazu, lieber die Informationen aufzunehmen, die unsere Meinung bestätigen. Was gegen unsere Auffassung spricht, möchten wir nicht gerne hören. Aus diesem Grund fällt Anlegerinnen und Anlegern häufig auch der Verkauf von Aktien schwer, die quasi zu Nullnummern geworden sind. Lieber halten sie an den Papieren fest, als sich einzugestehen: Mein Geld ist weg. Wer das einmal durchdacht hat, wird sich nicht mehr so schwer damit tun, Dauer-Verlustbringer im Depot zu verkaufen.

→ Risiko ermitteln

Zum Depot-Check gehört die Risikoanalyse. Dreh und Angelpunkt ist dabei der Aktienanteil an Ihrem Vermögen, die Aktienquote. Stimmt diese mit Ihren persönlichen Bedürfnissen und finanziellen Zielen überein? Mehr dazu lesen Sie im Abschnitt „Der Baukasten für Ihr Geld" ab S. 52.

5. Kosten checken

Überprüfen Sie die jährlichen Kosten Ihrer Wertpapiere und Investmentfonds. Dabei hilft die Kosteninformation, die Sie einmal jährlich von Ihrer Depotbank erhalten. Kosten können Sie auch mithilfe der Fondsdatenbank von Finanztest ermitteln: test.de/fonds. Nur selten lassen sich kostspielige Investments durch bessere Qualität rechtfertigen. Auch die Depotkosten sollten Sie prüfen. Etliche Banken und Discountbroker bieten gebührenfreie Depots an – auf persönliche Anlageberatung müssen Sie dann allerdings meist verzichten. Im Hilfe-Abschnitt (siehe ab S. 148) finden Sie eine Tabelle mit Tipps für günstige Wertpapierdepots.

6. Mischfonds aussortieren

Sie scheinen ein Rundum-sorglos-Paket zu sein: Mischfonds, die das Geld der Anleger in mehrere Anlageklassen wie Aktien, Anleihen, Immobilien und Rohstoffe investieren und so Sicherheit, Rendite und weniger Kursturbulenzen versprechen. Doch Vorsicht: Mischfonds, die zu den Lieblingen der Verkäufer von Banken und Finanzdienstleistern gehören, sind oft sehr teuer. Das gilt vor allem für die laufenden Kosten, die in der Spitze mehr als vier Prozent des Fondsvermögens betragen können. Hinzu kommen noch Ausgabeaufschläge, also Gebühren beim Kauf, sowie erfolgsabhängige Gebühren. Die Wertentwicklung allerdings hinkt ihren Vergleichsindizes oft hinterher. Sie sollten deshalb prüfen, ob Sie Mischfonds mit hohen jährlichen Verwaltungskosten im Depot haben, mit deren Performance Sie nicht zufrieden sind – wenn ja, dann raus damit. Finanztest rät, sich besser seinen eigenen Mischfonds zu bauen – mit einem Pantoffel-Portfolio, das auf Ihr persönliches Risiko zugeschnitten ist. Diese Finanztest-Strategie beruht auf einer Kombination von weitestgehend risikolosen Zinsanlagen (Festgeld und Tagesgeld), mit weltweit anlegenden Aktien-ETF, die für die Renditechancen sorgen. Wie das geht, erklären wir ab Seite 52.

7. Nachhaltiger werden

Wenn Sie noch keine nachhaltigen Geldanlagen haben, ist nun eine gute Gelegenheit, darüber nachzudenken. Möglich ist zum Beispiel ein schrittweiser Einstieg, indem vorhandene Fonds nicht angetastet werden, aber neues Geld überwiegend in nachhaltige Produkte fließt.

Wie sich in Fonds nachhaltig anlegen lässt, zeigen unsere Musterfälle auf S. 97 und 109.

Der Versicherungs-Check bringt weitere Turbo-Chancen

Ein Blick in die Versicherungsverträge lohnt fast immer: Dort verbergen sich oft Geldfresser.

Stellen Sie sich kurz einmal dieses Szenario vor, das täglich irgendwo passiert: Sie schalten die Spülmaschine an, verlassen die Wohnung, und bei Ihrer Rückkehr stellen Sie fest, dass in den Zimmern Wasser steht, der untere Teil der Wände feucht ist und es beim Nachbarn unter Ihnen durch die Decke tropft. Die fachgerechte Beseitigung der Schäden kann schnell einen fünfstelligen Betrag kosten. Sind Sie dann nicht richtig oder gar nicht versichert,

kann das Ihren Finanzplan für die nächsten Jahre auf einen Schlag ruinieren. Deshalb sollten Sie bei Ihrem großen Vermögens-Check auch klären, ob Sie alle wichtigen Versicherungen abgeschlossen haben. Prüfen Sie auch, ob Ihre Versicherungen preiswert und gut sind – oder überflüssig, wie dies oft bei teuren Handy- oder Reisegepäckversicherungen der Fall ist. Das lohnt sich meist: Jeder Privathaushalt in Deutschland gibt im Durchschnitt jeden Monat 125 Euro für Versicherungsverträge aus, und dabei sind die Beiträge für Lebensversicherungen und private Pflege- und Krankenversicherungen noch nicht eingerechnet. Womöglich liegen Ihre Verträge seit Jahren unbesehen in einem Ordner, obwohl neue Verträge etwa bei der privaten Haftpflichtversicherung oft besseren Schutz bieten oder es etwa bei der Kfz-Versicherung günstigere Tarife gibt. Einmal gründlich auszumisten kann Ihnen mehrere Hundert Euro im Jahr an Prämien ersparen – und je mehr Geld zum Anlegen zur Verfügung steht, desto leichter können Sie Ihren Vermögens-Turbo zünden.

Unangenehmes nicht ausblenden

Am wichtigsten ist neben einer Krankenversicherung (sie ist Pflicht) die private Haftpflichtversicherung. Prüfen Sie, ob der Versicherungsschutz ausreichend ist und noch zu Ihrer Familiensituation passt.

Denken Sie auch daran, dass jede und jeder Fünfte hierzulande einmal berufsunfähig werden kann. Leben Sie wie die meisten Berufstätigen allein von Ihrem Arbeitsverdienst, ist eine Berufsunfähigkeitsversicherung nötig. Sie zahlt Ihnen Geld, im Idealfall bis zum Eintritt in die Rente beziehungsweise bis zum 67. Lebensjahr, wenn Ihr Einkommen wegen einer dauerhaften Berufsunfähigkeit (BU) ausbleibt. Allerdings ist ein Neuabschluss im Alter von 50 Jahren plus x recht teuer. Sollten Sie aber bereits eine BU-Police haben, ist nun ein guter Zeitpunkt zu prüfen, ob die vereinbarte Monatsrente ausreicht, um Ihren Verdienstausfall zu kompensieren. In guten Verträgen ist es möglich, diese private BU-Rente aufzustocken, die die oft nicht sehr üppige gesetzliche Erwerbsminderungsrente ergänzt. Eine private Unfallversicherung, die von Versicherungsvertretern gern verkauft wird, zahlt hingegen nur Geld aus, wenn Sie wegen eines Unfalls dauerhaft invalide geworden sind. Finanztest nimmt regelmäßig BU-Versicherungen unter die Lupe. Die Ergebnisse finden Sie hier: test.de/thema/berufsunfaehigkeitsversicherung.

Sie sollten außerdem die Pflege im Alter in Ihren Vermögens-Check miteinbeziehen. Hier sollte jede und jeder die eigenen finanziellen Spielräume schonungslos einschätzen: So dürfte die gesetzliche Pflegeversicherung, für die alle sozialversicherungspflichtigen Arbeitnehmer und deren Arbeitgeber monatlich Beiträge zahlen, nicht ausreichen, um die Kosten für eine professionelle Pflege im Altersheim oder zu Hause zu decken. Es gibt aber die Möglichkeit, eine private Pflegetagegeldversicherung abzuschließen, allerdings sind die Beiträge dafür in den vergangenen Jahren gestiegen. Laut einer Untersuchung von Finanztest aus dem Jahr 2020 mussten 45-Jährige für einen guten Tarif 57 Euro monatlich überweisen. Das ist der Beitrag beim Start, der aber deutlich steigen kann. Infrage kommen sollte eine Pflegetagegeldversicherung für Sie nur, wenn Sie sich auch steigende Beiträge dauerhaft leisten können, denn ein später Ausstieg wäre fatal – das Geld wäre weg, das Pflegerisiko nicht versichert, gerade wenn es schon bald eintreten könnte.

Nicht nur mit Dieben rechnen

Egal, ob Sie vermieten oder Ihre Immobilie selbst nutzen, als Hauseigentümer sollten Sie sich beim Vermögens-Check Ihre Wohngebäudeversicherung genau anschauen. Diese deckt Schäden ab, die durch Sturm oder Hagel, Leitungswasser oder Feuer entstehen. Auch hier kann es, wie bei der privaten Haftpflichtversicherung, um sehr viel Geld gehen, wenn etwas schiefgeht. Denn nicht wenige Eigentümer in den Fünfzigern haben vor vielen Jahren die Police abgeschlossen – und seitdem schlummert der Vertrag im Ordner, sozusagen ohne Update. Auch das kann Ihre finanzielle Planung für die Zukunft verhageln, etwa weil die Versicherung nicht ausreicht, um nach einem Brand die hohen Schäden am Gebäude auszugleichen, oder weil die Police bei Überschwemmungen, Lawinen oder anderen Naturkatastrophen mögliche Schäden nicht abdeckt. Auch grobe Fahrlässigkeit sollte abgesichert sein. Nehmen Sie sich die Zeit und klären Sie mit Ihrem Versicherer, wo Ihre Police aufgepeppt werden muss. Sicher, Ihr Beitrag wird dann eher steigen, aber so laufen Sie nicht Gefahr, dass schöne Finanzpläne im schlimmsten Fall Makulatur werden.

Vermutlich haben Sie auch eine Hausratversicherung. Sie lohnt sich sehr, wenn in

Schau genau!

Miese Verträge raussuchen und loswerden: Wenn Sie alte Versicherungsverträge kündigen wollen, sind Kündigungsfristen zu beachten. Kfz-Versicherungen dürfen Sie jährlich zum Laufzeitende mit einer Frist von einem Monat kündigen. In der Regel ist der Stichtag der 30. November. Für Privathaftpflicht-, Hausrat- oder etwa Unfallschutzpolicen gilt hingegen eine Frist von drei Monaten. Dabei nicht vergessen: Elementare Versicherungen wie etwa die Privathaftpflicht erst kündigen, wenn Sie einen neuen Vertrag haben und sichergestellt ist, dass Sie vorübergehend nicht ohne Versicherungsschutz sind.

Ihren vier Wänden teure Wertgegenstände sind. Prüfen Sie, ob Sie unterversichert und ob Naturgefahren mitversichert sind. Mit einem neuen Vertrag sichern Sie sich oft bessere Leistungen als in Altverträgen und können Schäden nach grober Fahrlässigkeit komplett einschließen.

▶ „Das Versicherungs-Set" der Stiftung Warentest bietet viele Infos, Musterschreiben und Checklisten: test.de/shop

Die Immobilie als Baustein Ihrer Vermögensbilanz

Wohnen Sie in den eigenen vier Wänden? Oder vermieten Sie privat? Dann sollten Sie bei Ihrer finanziellen Bestandsaufnahme Ihre Immobilie miteinbeziehen.

Ein Baustein fehlt noch bei Ihrer finanziellen Bestandsaufnahme: die eigene Immobilie und die Frage, was aus den eigenen vier Wänden werden soll. Welche Rolle soll die selbst genutzte Wohnung, das eigene Haus oder die vermietete Immobilie in Ihrer Geldanlagestrategie für ein möglichst sorgenfreies Leben im Rentenalter spielen?

Für Eigentümerinnen und Eigentümer ist es hilfreich, sich zunächst noch einmal bewusst zu machen, um welche Anlageklasse es sich hier handelt. Das Entscheidende steckt schon im Wort Immobilie: Sie sind mit der eigenen Immobilie immobiler, weniger flexibel und beweglich – und das gilt damit auch für einen (Groß-)Teil Ihres Geldes. Mit einem Wertpapierdepot können Sie Fonds, Aktien und Anleihen börsentäglich kaufen und verkaufen. Mit Ihrer Immobilie geht das nicht so einfach. Eine Immobilie kaufen und dann behalten heißt für Durchschnitts- oder Gutverdienende, die nicht gerade ein paar Millionen geerbt haben, auch: sich gegen andere Möglichkeiten zu entscheiden; sein Geld nicht anderweitig, und

sei es für etwas Schönes im Leben, ausgeben oder anlegen zu können. Das Kapital ist fest in der Immobilie gebunden und kann nicht verzehrt werden, es sei denn, Sie entscheiden sich für eine Immobilienverrentung.

Den Schuldenstand checken

Vermutlich haben Sie sich aus guten Gründen für eine eigene Immobilie entschieden. Sie möchten so lange wie möglich darin wohnen, idealerweise bis zum Tod, auf den Sie nicht unbedingt im Pflegeheim warten wollen. Ob das immer so klappt, wie man es sich wünscht, sei dahingestellt. Aber Sie sollten bei Ihrer Bestandsaufnahme prüfen, ob das finanziell auch drin ist.

Dazu gehört zunächst, den Schuldenstand zu checken. Sind Ihre Kreditverträge für die eigene Immobilie abbezahlt, haben Sie schon viel geschafft. Wenn nicht, sollten Sie prüfen, wie lange Sie noch Zins und Tilgung abstottern müssen und ob Sie Ihre Kreditverträge optimieren können. Ideal wäre es, im Ruhestand schuldenfrei zu sein. Denn in der Regel ist das laufende Einkommen im Rentenalter geringer als im Berufsleben – und dann würden Sie die monatlichen Raten noch mehr belasten als jetzt. Vermutlich haben Sie ohnehin schon so geplant, dann sollten Sie prüfen, ob Sie in den nächsten Jahren noch schneller schuldenfrei werden können. Beim Immobilien-Check geht es jedoch nicht nur um Zinsen und Schulden.

👀 Ist eine energetische Sanierung überfällig?

Dazu gehört auch, den Zustand der eigenen Immobilie zu überprüfen: Welche Reparaturen stehen in den nächsten 30 Jahren mit großer Wahrscheinlichkeit noch an? Braucht das Haus in naher Zukunft eine neue Heizung, ein neues Dach oder neue Fenster? Ist eine energetische Sanierung überfällig? Liegt dafür schon genug Geld auf der hohen Kante? Wie viel müsste ich noch sparen?

Besser ehrlich sein

Sie sollten mit Ihrem Partner oder Ihrer Partnerin den Ernstfall nicht ausschließen und offen besprechen. Welche Möglichkeiten gibt es, falls einer pflegebedürftig wird oder man auf Hilfe im eigenen Haus angewiesen ist? Dabei geht es nicht nur darum, genug Geld übrig zu haben, wenn ein Treppenlift eingebaut werden muss oder barrierefrei umzubauen ist. Könnten Sie sich gegebenenfalls auch die derzeit 2 500 bis 3 000 Euro im Monat leisten, um legal eine 24-Stunden-Pflegekraft bezahlen zu können? Wäre für eine solche Person genug Platz im Eigenheim? Oder gäbe es jemanden, der Sie pflegen beziehungsweise täglich nach Ihnen schauen würde, weil die Kinder, die nicht um die Ecke wohnen, dazu nicht in der Lage sind?

Wie auch immer Sie sich entscheiden, die Immobilie beeinflusst maßgeblich Ihre Vermögensbilanz. Behalten Sie die vermietete Immobilie, ist Ihr Anlageportfolio breiter diversifiziert. Ihr Anlagerisiko ist geringer, wenn Ihr Vermögen in verschiedenen Anlageklassen steckt. Sie sollten dann aber darauf achten, dass in Ihrem Wertpapierportfolio kein Klumpenrisiko (siehe S. 12) steckt, also nicht eine Anlageklasse im Verhältnis zu den anderen extrem übergewichtet ist. Das wäre dann der Fall, wenn Ihre vermietete Immobilie etwa 80 Prozent Ihres gesamten Vermögens ausmacht. Dann sollten Sie bei Ihrer finanziellen Planung für die Zukunft darauf achten, dass Sie das Gewicht der anderen Anlageklassen in Ihrem Gesamtportfolio erhöhen. Umgekehrt ist bei einem Verkauf zu bedenken, dass Sie dann in Immobilien womöglich nicht mehr investiert sind und dadurch Gefahr laufen, sich bei anderen Anlageklassen ein Klumpenrisiko in Ihr Gesamtportfolio zu holen. Umso wichtiger ist es deshalb, bei einer Weiteranlage der Verkaufssumme das Geld über verschiedene Anlageklasse zu verteilen und breit gestreut anzulegen.

Lebens- und private Renten-versicherungen prüfen

Einmal im Jahr kommt die sogenannte Standmitteilung. Dabei kommt es auf die garantierte Leistung an.

Wenn Sie eine Kapitallebensversicherung oder eine private Rentenversicherung mit der Möglichkeit zur Kapitalauszahlung haben, sollten Sie diese unbedingt in Ihren Vermögens-Check einbeziehen. Doch gilt gerade für solche Verträge das geflügelte Wort des Schriftstellers Mark Twain: „Prognosen sind schwierig, besonders wenn sie die Zukunft betreffen." Und eine Prognose enthält nun einmal die Standmitteilung, die Sie jährlich von Ihrem Versicherer erhalten. Da geht es um eine Menge Geld: Es ist notwendig, sich die wichtigsten Zahlen darin genauer anzuschauen.

Maßgeblich ist die Ablaufleistung. Das ist die Summe, die Sie erhalten sollen, sofern Sie Ihre Police nicht kündigen und Ihre Prämien weiter stetig überweisen. Etwas anderes ist die Todesfallleistung: Verstirbt der Versicherte in der Zeit, in der der Vertrag noch läuft, erhalten Angehörige oder andere nahestehende Personen diese Todesfallleistung. Bei der Ablaufleistung sollte der Versicherer idealerweise die garantierte Summe nennen und eine Prognose abgeben, auf wie viel sich der Betrag inklusive Überschüsse belaufen könnte.

Sicher ist Ihnen die garantierte Leistung beziehungsweise das mit Ihren Beiträgen bereits erreichte garantierte Kapital. Die in Aussicht gestellte Beteiligung am Überschuss, von der die Kunden profitieren, hängt davon ab, wie gut der Versicherer kalkuliert und Ihr Geld anlegt. Finanztest rät deshalb, in die Vorsorgeplanung sicherheitshalber nur die garantierte Leistung einzubeziehen.

Zinsen zum Träumen

Schon ein Blick in die Vergangenheit zeigt, warum so viel Vorsicht angebracht ist: Viele Kunden, haben in den 1980er-Jahren ihre Verträge unterschrieben. Damals waren die Zinsen viel höher. Entsprechend positiv fielen die Prognosen der Versicherer bei Vertragsabschluss aus.

Nur, wie heißt es so schön? „Hinterher ist man schlauer." Das haben inzwischen auch die Versicherten gemerkt, die sich die Mühe gemacht haben, ihre ersten Standmitteilungen mit heutigen zu vergleichen. Das Ergebnis ist ernüchternd: Zwischen der prognostizierten Leistung damals und heute sind häufig riesige Unterschiede. Schlimmsten-

Garantiezins auf Talfahrt

Die Grafik zeigt, wie sich die garantierte Verzinsung deutscher Lebensversicherer bei neu abgeschlossenen Verträgen in den letzten Jahrzehnten entwickelt hat. Seit dem Jahr 2000 wurde der Garantiezins regelmäßig gesenkt, seit Januar 2022 liegt er bei 0,25 Prozent.

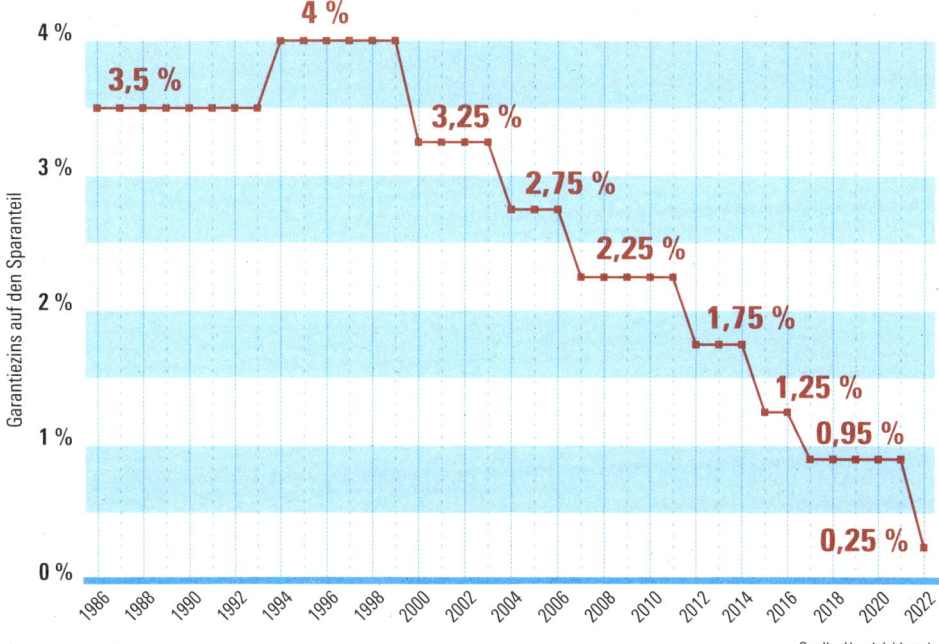

Quelle: Handelsblatt.de

falls könnten fast 50 Prozent weniger ausgezahlt werden, als der Versicherer einst prognostiziert hatte. Das ergab eine Analyse von Finanztest. Seitdem sind die Zinsen weiter gesunken. Der Grund: Kein Mensch hatte damit gerechnet, dass die Zinsen so lange so tief heruntergehen. Hinzu kommt: Die Versicherten profitieren nicht mehr so stark wie früher davon, dass sie an den „Bewertungsreserven" beteiligt sind, also an den Kursgewinnen in den Anlagen des Versicherers.

Die Zeiten, in denen der Garantiezins für den Sparanteil, also des Beitrags der Kunden minus Abschluss- und Verwaltungskosten, Kosten für die Sicherung der Garantie und Zusatzleistungen wie etwa für einen Hinterbliebenenschutz, mehr als drei Prozent betrug, sind jedenfalls seit Langem vorbei. Seit Anfang 2022 beläuft sich der Garantiezins für Neuverträge nur noch auf 0,25 Prozent.

Private Rentenversicherungen

Zu Ihrer finanziellen Bestandsaufnahme sollten Sie sich die Vertragsdetails Ihrer privaten Rentenversicherungen anschauen.

▶ **Haben Sie einen guten Alt-Vertrag** mit einer garantierten Verzinsung von 4,0 Prozent, 3,25 Prozent oder 2,75 Prozent, sollte dieser ein Sicherheitsbaustein in Ihrer Vermögensstrategie bleiben. Prüfen Sie trotzdem, ob Sie eine Dynamisierung abgeschlossen haben, also den Beitrag Jahr für Jahr um zum Beispiel zwei oder drei Prozent erhöhen und damit auch die Versicherungssumme höherschrauben. Policen mit der Dynamisierung werden gerne verkauft. Der Grund: Die Dynamik wird jedes Mal wie ein neuer Abschluss gewertet, der Vertreter-Provisionen bringt, den Versicherten aber Geld kostet. Finanztest rät deshalb von solchen Beitragserhöhungen ab, wenn der Erhöhungsbeitrag nur mit dem aktuellen, viel niedrigeren Garantiezins verzinst wird.

▶ **Zahlen Sie Ihre Beiträge noch monatlich ein?** Dann stellen Sie auf eine jährliche Einzahlung um, diese verursacht in der Regel deutlich weniger Kosten als die monatlichen Einzahlungen.

▶ **Angenommen, der Vertrag ist noch relativ jung,** Sie ärgern sich über die minimale Verzinsung und haben lukra-

tivere Möglichkeiten, Ihr künftiges Alterseinkommen zu optimieren, dann sollten Sie mit Ihrer Versicherung reden. In der Regel ist es möglich, die Beiträge zu verringern, die Laufzeit zu verkürzen oder den Vertrag beitragsfrei zu stellen. Die Versicherung stillzulegen, hat aber Nachteile: Es können bestimmte Zusatzleistungen entfallen, wie der Schutz vor Berufsunfähigkeit, wenn dieser nicht in einem eigenen Vertrag weiter fortgeführt wird. Und klar sollte Ihnen auch sein, dass dann weniger Kapital in den Vertrag fließt, und das heißt: Sie bekommen auch weniger ausgezahlt, egal, ob als Rente oder im Todesfall. Zusätzlich zahlen Sie weiter indirekt Kosten für die Verwaltung, die Ihr angespartes Vermögen schmälern.

▶ **Haben Sie eine Fondspolice ohne Riester-Förderung?** Dann können Sie prüfen , ob sich der Vertrag optimieren lässt. Fragen Sie dazu Ihren Versicherer nach der aktuellen Fondsliste. Viele Anbieter stellen die Fonds, die zur Auswahl stehen, auch auf ihre Internetseite. Danach können Sie prüfen, was diese Fonds taugen. Dabei hilft Ihnen die Fondsdatenbank von Finanztest (test. de/fonds). Dort finden Sie die von uns top bewerteten Fonds. Fragen Sie Ihren Anbieter, ob Sie nicht auch ETF besparen können.

Ein Blick ins Innere

Was für ein Anlegertyp sind Sie eigentlich? Eher vorsichtig oder doch risikobereit? Erfolgreich anlegen heißt auch, die eigene Beziehung zum Geld zu verstehen.

Haben Sie Ihre finanzielle Bestandsaufnahme abgeschlossen und Ihr Depot aufgeräumt, kann es eigentlich losgehen. Nun haben Sie die Voraussetzungen geschaffen, um Ihr Geld optimal anzulegen, um Ihre finanziellen Ziele zu erreichen. Aber bevor Sie Ihren Vermögens-Turbo zünden, sollten Sie einmal in sich hineinhorchen und sich ein paar wichtige Fragen stellen: Welcher Geldanlagetyp bin ich eigentlich? Welches Risiko bin ich bereit einzugehen? Schaue ich bei möglichen Anlagen zuerst auf das Risiko oder auf die Chancen? Mit wie viel Prozent vorübergehendem Verlust kann ich ruhig schlafen? Wie viel wären für mich tragbar in Euro und Cent? Wünsche ich mir eine Anlage, die möglichst wenig im Wert schwankt, und nehme dafür weniger Ertrag in Kauf?

Grundsätzlich sind bei so einer Risikoanalyse zwei Punkte zu beachten:

1. Je höher das Risiko, das Sie eingehen, desto höher können Ihre möglichen Gewinne ausfallen – aber auch Ihre möglichen Verluste.
2. Ihre subjektive Risikoneigung und Ihre objektive Risikotragfähigkeit können sehr unterschiedlich sein. Je größer Ihr

Vermögen, je besser Sie finanziell abgesichert sind, je sicherer Ihr Arbeitsplatz und Ihr Einkommen und je weniger finanzielle Verpflichtungen etwa fürs Abbezahlen von Hypothekenkrediten oder die Ernährung der Familie, desto größere Risiken können Sie bei der Geldanlage eingehen. Müssen Sie aber noch jahrelang einen Hauskredit abbezahlen oder Unterhalt für Ihre Kinder leisten, sollten Sie bei Ihren Anlagen vorsichtiger sein – erst recht, wenn das Geld zum Monatsende bei Ihnen häufig knapp wird.

Je nachdem, wie viel Risiko Sie vertragen können und wie viel Sicherheit Sie sich bei Ihrer Geldanlage wünschen, können Sie Ihr Portfolio an einer der drei Finanztest-Kategorien orientieren: defensiv, ausgewogen, offensiv.

▶ **Offensiv.** Sind Sie sich sicher, dass Sie auf ein hohes Risikolevel kommen, können Sie 75 Prozent kontrolliert in Aktien investieren und Ihr Depot damit offensiv ausrichten.

▶ **Ausgewogen.** Sind Sie nicht ganz so risikobereit, kommt für Sie das ausgewogene Depot infrage, das dem Hälfte-Hälfte-Prinzip folgt, 50 Prozent Aktien, 50 Prozent sichere Anlagen.

▸ **Defensiv.** Sind Sie eher risikoscheu, dürfte das defensive Depot besser zu Ihnen passen, dann ist der Aktienanteil auf 25 Prozent begrenzt.

Nehmen Sie sich auf jeden Fall Zeit für die Risikoanalyse, sie ist die Grundlage dafür, wie Sie Ihr Vermögen aufteilen, für welche Sparpläne Sie sich entscheiden, welche Renditen letztlich möglich sind und mit welcher Kraft Ihr Vermögens-Turbo laufen soll. Und seien Sie bei Ihrer Entscheidung lieber vorsichtig! Haben Sie zum Beispiel viel Geld geerbt und sind dadurch schon relativ gut abgesichert, sollten Sie als ängstlicher Anlegertyp nicht zu viel riskieren. Sonst laufen Sie Gefahr, mit roten Zahlen im Depot nicht zurechtzukommen und in eine Verlustfalle zu geraten: Denn stürzen die Kurse wie etwa nach dem Überfall Russlands auf die Ukraine ab und Sie verkaufen dann vor lauter Angst Ihre Aktienanlagen, sitzen Sie auf schmerzhaften Verlusten.

Haben Sie diese grundsätzlichen Fragen für sich geklärt, können Sie in einem weiteren Schritt ermitteln, ob sich Ihre Anlagen mit Ihrer Risikobereitschaft decken und zu Ihrer Risikotragfähigkeit passen.

Beispiel: Ulrike (56) hat 50 000 Euro angelegt. 10 000 Euro sind ihre Einzelaktien wert. 20 000 Euro stecken in diversen Aktienfonds, weitere 20 000 Euro in sicheren Zinsanlagen. Ulrike fühlt sich aber nicht wohl: Mehr als die Hälfte ihres Gelds steckt in Aktienanlagen, und ihre Einzelaktien hätte sie auch gerne los. Das ständige Hin und Her der Kurse macht sie nervös. Lieber hätte sie ein defensives Wertpapierdepot. Was tun? Sie müsste den Aktienanteil von 60 Prozent auf 25 Prozent reduzieren, indem sie ihre Einzelaktien und Anteile an Aktienfonds möglichst mit Gewinn verkauft. Gleichzeitig erhöht sie den Anteil des sicher angelegten Guthabens entsprechend auf 37 500 Euro. Dies würde der gewünschten Quote von 75 Prozent entsprechen.

Wenn Sie einen klaren Überblick über Ihre finanzielle Situation haben und Ihre persönliche Risikobereitschaft kennen, können Sie darangehen, Ihre Ziele zu formulieren. Welche größeren Anschaffungen haben Sie mittel- oder längerfristig geplant? Kommt noch einmal ein Umzug infrage? Ist eine Erbschaft absehbar? Wollen Sie ab und zu eine größere Summe einmalig investieren oder lieber monatlich etwas sparen? Müssen Sie Ihre Renteneinkünfte noch optimieren? Was ist Ihnen bei Ihren finanziellen Vorhaben am wichtigsten? Was wollen Sie am schnellsten erreichen? Mehr dazu erfahren Sie in den Kapitel „Rente optimieren" ab S. 27 und „Zünden Sie den Vermögens-Turbo" ab S. 47.

Was auch immer Sie vorhaben, die Geldanlage muss darauf abgestimmt sein und zu Ihrer Risikoneigung und Risikotragfähigkeit passen. Dabei sollte Ihnen aber ein

Wie viel Risiko passt zu Ihnen?

Bei der Ermittlung Ihrer persönlichen Risikotragfähigkeit und Ihrer Risikoneigung helfen Ihnen diese Fragen.

Ihre Risikotragfähigkeit

☐ Wie stark sind Sie über vorhandenes Vermögen, ein Erbe oder auskömmliche Rentenansprüche bereits finanziell abgesichert?

☐ Wie hoch und wie planbar ist Ihr Einkommen, und wie sicher ist die berufliche Situation?

☐ Wie flexibel sind Sie, wenn Ihr Arbeitsplatz wegfallen sollte?

☐ Haben Sie größere finanzielle Verpflichtungen wie einen Hauskredit oder die Verantwortung für Familie und Kinder?

☐ Müssen Sie Ihr Finanzziel unbedingt und genau zu einem bestimmten Termin erreichen?

Ihre Risikoneigung

☐ Schauen Sie bei möglichen Anlagen zuerst auf deren Chance oder auf das Risiko?

☐ Haben Sie bereits einmal schlechte Erfahrungen mit Anlagen an der Börse gemacht? Sind Sie in der Vergangenheit schon einmal von windigen Finanzverkäufern hereingelegt worden?

☐ Ab wie viel Prozent Verlust würden Sie Bauchgrimmen bekommen? Rechnen Sie den Betrag auch in Euro und Cent aus.

☐ Was wäre Ihnen lieber: eine Anlage mit sieben Prozent Rendite im Jahr, die in manchen Jahren 50 Prozent fallen kann, oder eine Anlage, die kaum im Wert schwankt, dafür aber kaum Ertrag bringt? Oder eine Mischung aus beiden Anlagen?

ziemlich einfacher Grundsatz bewusst sein: Jeder möchte bei der Geldanlage am liebsten alles haben: eine hohe Rendite, am besten eine hundertprozentige Sicherheit und die tägliche Verfügbarkeit des Geldes. Diese drei Ziele gibt es aber bei keinem Produkt auf einmal. Das schaffen Sie nur, indem Sie verschiedene Anlagen clever mixen und so Ihren Vermögens-Turbo zünden, ohne dass Ihnen unterwegs die Luft ausgeht.

Rente optimieren

Ob Riester-Rente, private Rentenversicherung oder gesetzliche Rente – wer fürs Alter vorsorgt, sollte prüfen, ob es möglich ist, noch mehr aus den Verträgen herauszuholen. Das ist gar nicht so schwer.

Zugegeben, so ein ehrlicher Renten-Check kann ganz schön ernüchternd sein. Beim Blick auf Ihre „Renteninformation" ist Ihnen womöglich klar geworden, dass die gesetzliche Rentenversicherung ein wichtiger Baustein Ihrer Altersvorsorge ist. Doch klar ist auch: Allein reichen wird sie nicht, um im Ruhestand finanziell sorgenfrei über die Runden zu kommen.

Auch von der Riester-Rente oder einer privaten Rentenversicherung dürfen Sie nicht allzu viel erwarten. Zu lange haben niedrige Zinsen und oft hohe Kosten auf die Rendite gedrückt. Und erst seit Anfang 2022 steigen die Zinsen wieder.

Sie können aber, auch wenn Sie früher in den Ruhestand wollen, überlegen, ob sich Ihre gesetzliche Rente und Ihre zusätzlichen privat abgeschlossenen Verträge optimieren lassen. Schnell handeln zahlt sich aus.

Wer selbstständig oder freiberuflich arbeitet, steckt in einer ganz anderen Situation. Lohnt sich eine Rürup-Rente? Sind freiwillige Beiträge in die gesetzliche Rentenversicherung tatsächlich sinnvoll? Mehr dazu lesen Sie ab S. 38.

Mehr Geld im Alter

Die gesetzliche Rentenversicherung ist besser als ihr Ruf –
und ist so flexibel, dass Sie mehr daraus machen können.

Wenn Sie in Kopenhagen oder Malmö leben würden, hätten Sie es ganz einfach: Sie müssten sich nur mit Ihrer persönlichen Kennnummer auf einer bestimmten Plattform einloggen – und schon hätten Sie mit ein, zwei Klicks am PC einen Überblick über Ihre gesamten voraussichtlichen Alterseinkünfte: angefangen bei der gesetzlichen Versorgung, über die Lebensversicherung und Betriebsrente bis hin zur geförderten Riester-Rente.

Bis es in Deutschland so ein digitales Rentenkonto gibt, das sämtliche Sparten der Altersversorgung komplett abdeckt, dürfte es noch ein paar Jahre dauern. Deshalb bereitet so ein erster früher Renten-Check mit 50 plus mehr Mühe. Aber lassen Sie sich davon nicht abschrecken! Sie müssen nur Informationen zusammenführen, die Sie vielleicht noch ganz traditionell in Ordnern abgelegt haben.

Der erste Weg führt dabei zumindest für gesetzlich Rentenversicherte zur „Renteninformation". Voraussetzung ist, Sie sind älter als 27 Jahre und haben mindestens fünf Jahre in die Rentenversicherung Beiträge gezahlt. Jedes Jahr bekommen gut 30 Millionen Versicherte dieses Schreiben, also mit großer Wahrscheinlichkeit auch Sie.

Wenn Sie als Selbstständiger arbeiten, haben Sie hoffentlich in anderer Form fürs Alter vorgesorgt, oder Sie zahlen statt in die Rentenkasse Beiträge in ein berufsständisches Versorgungswerk ein, etwa als Rechtsanwältin, Architekt, Steuerberaterin, Arzt.

Bekommen Sie die „Renteninformation", können Sie auf dieser schwarz auf weiß sehen, was Sie später einmal an Rentenzahlungen erwarten können. Es lohnt sich also, dieses zweiseitige Schreiben genau durchzulesen, zumal diese Zwischeninfo Ihres Rententrägers wirklich nichts beschönigt. Sie erfahren unter anderem, wie hoch Ihre

- Erwerbsminderungsrente derzeit ausfallen würde,
- bisher erworbenen Rentenansprüche sind,
- Altersrente einmal ausfallen könnte.

Drei wichtige Punkte in der Renteninfo

Beginnen wir mit einem Beispiel: Michael Muster, Jahrgang 1961, hat bereits 34 Jahre in die Rentenkasse eingezahlt. Er hat meist überdurchschnittlich gut verdient. Seine bislang erworbenen Rentenansprüche belaufen sich deshalb bereits auf 1890 Euro brutto im Monat. Sollte er bis zu seinem

Renteneintrittsalter von 66 Jahren und sechs Monaten wie im Durchschnitt der vergangenen fünf Jahre weiter einzuzahlen, käme er auf eine Altersrente von rund 2 370 Euro.

Wenn Sie nun dieses Beispiel mit Ihrer Renteninformation vergleichen, sollten Sie drei Punkte besonders beachten:

1. **Früher in Rente?** Vielleicht haben Sie vor, ein paar Jahre früher mit dem Arbeiten aufzuhören. Das führt aber nicht nur zu Abschlägen bei Ihrer Rente. Sie zahlen weniger lang in die Rentenkasse ein. Dadurch wird Ihre Altersrente geringer ausfallen als in Ihrer Renteninformation prognostiziert. Denn hier ist immer der Idealfall zugrunde gelegt: Der oder die Versicherte arbeitet bis zum vorgesehenen Renteneintritt, der mit der Einführung der „Rente mit 67" vom Geburtsjahrgang abhängt.

2. **Weniger arbeiten?** Wenn Sie in Zukunft die Arbeitszeit verringern wollen und damit auch weniger verdienen dürften, erwerben Sie auch weniger Entgeltpunkte und damit geringere zusätzliche Rentenansprüche. In Ihrer Renteninfo wird jedoch bei der Angabe Ihrer zukünftigen Altersrente immer der Durchschnitt der letzten fünf Kalenderjahre zugrunde gelegt.

3. **Gibt's wirklich nicht mehr?** Bei dieser Rechnung nimmt die Rentenversicherung an, dass sich die Rente nicht mehr erhöht. Tatsächlich konnten sich die Rentner und Rentnerinnen in der Vergangenheit fast jedes Jahr über eine Erhöhung freuen. Die Renten-Nullrunde 2021 war für die Bezieher im Westen – coronabedingt – eine der wenigen Ausnahmen. Die Rentenversicherung gibt daher in ihrem Brief zwei zusätzliche Varianten an: die Erhöhung um ein Prozent sowie die um zwei Prozent pro Jahr. Das ist nicht zu hoch gegriffen: Die Bundesregierung rechnet in ihrem Rentenversicherungsbericht mit jährlichen Rentensteigerungen von im Durchschnitt immerhin 2,3 Prozent, und das in den nächsten 15 Jahren. So würde Michael Muster mit 67 bei einem Plus von jährlich einem Prozent eine Monatsrente von 2 510 Euro brutto erreichen. 2 600 Euro kämen heraus bei einem Aufschlag von zwei Prozent. Doch bleiben Sie bei Ihrem Renten-Check vorsichtig. Kalkulieren Sie Ihre Rentenanpassung besser nur mit einem Prozent pro Jahr. Hinterher können Sie sich immer noch positiv überraschen lassen.

Wege, um die Rentenlücke zu stopfen

Sie kennen das Vorurteil: In die Rentenkasse einzahlen, das bringt doch sowieso nichts. Finanztest kommt zu einem völlig anderen Ergebnis. Es lohnt sich in vielen Fällen sehr wohl – auch für Selbstständige,

Beamte oder Hausfrauen (Hausmänner sind gerade bei Älteren immer noch eine seltene Spezies). Und deshalb sollten Sie bei Ihrer finanziellen Planung prüfen, ob freiwilliges Einzahlen in die Rentenkasse für Sie eine sinnvolle Strategie sein kann. Je nach persönlicher Situation können Versicherte mit freiwilligen Einzahlungen ihre spätere Rente aufstocken, Abschläge ausgleichen oder überhaupt erst dafür sorgen, dass sie eine gesetzliche Rente bekommen.

> 66 **Prüfen Sie, ob freiwilliges Einzahlen in die Rentenkasse für Sie eine sinnvolle Strategie sein kann.**

Rente für Selbstständige: Die meisten Selbstständigen müssen bislang in die gesetzliche Rentenversicherung keine Pflichtbeiträge zahlen. Häufig haben sie aber vor Beginn ihres freiberuflichen Daseins ein paar Jahre als Arbeitnehmende in die Rentenkasse eingezahlt. Eine Rente gibts aber nicht, wenn sie auf weniger als fünf Beitragsjahre kommen.

Beispiel: Eine Ärztin hat vor ihrem Studium eine dreijährige Ausbildung zur Krankenpflegerin absolviert. Jetzt ist sie im ärztlichen Versorgungswerk versichert. Sie zahlt deshalb zwei Jahre lang den Mindestbeitrag von monatlich derzeit 83,70 Euro in die Rentenkasse ein. Insgesamt kostet sie das zwar etwas mehr als 2 000 Euro. Tatsächlich ist es aber weniger, weil sie diese Beiträge als Vorsorgeaufwendungen in ihrer Steuererklärung geltend machen kann. Zusammen mit ihrer Ausbildungszeit kommt sie so auf fünf Beitragsjahre und hat später einmal Anspruch auf eine gesetzliche Rente.

Früher in Rente für Angestellte: Wer sich nach vielen Jahren als Angestellter oder Angestellte selbstständig gemacht hat oder etwa als Hausfrau oder Hausmann eine Art berufliche Auszeit nimmt, kann mit den freiwilligen Beiträgen die dadurch entstehende Versorgungslücke begrenzen und vor allem fehlende Versicherungszeiten ausfüllen.

Beispiel: Eine Angestellte hat eine Abfindung erhalten, nach 30 Jahren Festanstellung. Nun macht sie sich mit 58 Jahren selbstständig. Fünf Jahre fehlen ihr allerdings noch bis zu einer Versicherungszeit von 35 Jahren. Nur dann könnte sie im Alter von 63 Jahren vorzeitig in Rente gehen. Um sich die „Frührente" zu ermöglichen, zahlt sie weitere fünf Jahre freiwillig in die Rentenkasse ein.

Mehr Rente für Frührentner: Vielleicht beschleicht Sie an manchen schlechten Tagen das Gefühl, dass Sie keine große Lust darauf haben oder es schlichtweg nicht schaffen werden, bis 65 oder sogar bis zum 67. Lebensjahr zu arbeiten. Nur: Früher aufhören, das muss man sich auch leisten können.

Der frühere Ausstieg aus dem Arbeitsleben kostet nämlich in der Regel Geld – und zwar in Form von Abschlägen von der Rente. Diese Abschläge belaufen sich auf 0,3 Prozent je Monat, den Sie vor dem für Sie maßgebenden regulären Renteneintrittsalter in den Ruhestand gehen. Insgesamt können sich die Abschläge somit auf 14,40 Prozent (0,3 x 12 Monate x vier Jahre) belaufen, wenn Sie nach mindestens 35 Versicherungsjahren nicht mit 67, sondern mit 63 in Rente gehen. Das ist viel Geld. Statt zum Beispiel 1 500 Euro Rente brutto gäbe es dann nur 1 284 Euro brutto. Diese Abschläge können Sie aber mit Sonderzahlungen in die Rentenkasse ausgleichen, sofern Sie mindestens 50 Jahre alt sind. Das ist teuer und kann insgesamt mehrere Zehntausend Euro kosten. Trotzdem kann sich das doppelt lohnen: Wenn Sie diese freiwilligen Beiträge zum Ausgleich von Abschlägen über mehrere Jahre verteilen, können Sie Jahr für Jahr kräftig Steuern sparen: Außerdem ist das Angebot der gesetzlichen Rentenversicherung immer noch attraktiver, als das Geld in eine private Rentenversicherung zu stecken (siehe rechte Spalte).

Ergibt sich bei Ihnen eine der zuvor skizzierten Situationen? Dann sollten Sie auf jeden Fall prüfen, ob Sie mit zusätzlichen Beiträgen eine entsprechende Lücke auffüllen können. Am besten lassen Sie sich von der Rentenversicherung beraten. Das kostet Sie nichts.

→ Studie beweist: Rentenkasse bringt gute Renditen

Wer nicht deutlich früher stirbt als statistisch erwartet, erzielt mit den Einzahlungen in die gesetzliche Rentenkasse positive Renditen. Das belegt eine Untersuchung von Rentenbescheiden aus den Jahren 2007 bis 2020 für die Jahrgänge 1942 bis 1954. Die Mathematiker Werner Siepe und Friedmar Fischer fanden heraus: Zwischen 3,0 und 3,6 Prozent betragen die Renditen bei Rentnern, zwischen 3,5 und 4,2 Prozent bei Rentnerinnen. Gerechnet wurde nach Art der Rentenversicherung: Für die Absicherung der Hinterbliebenen, die Erwerbsminderungsrente oder Rehabilitationsleistungen zogen sie von den monatlichen Beiträgen etwa 20 Prozent ab. Rechnet man noch die Beiträge für die Kranken- und Pflegeversicherung ein, bewegen sich die Renditen zwischen 2,9 bis 3,6 Prozent (Rentnerinnen) und 2,3 bis 3,1 Prozent (Rentner). Je jünger die Versicherten sind, desto geringer werden die Renditen: Wer etwa 2021 erstmals Beiträge zur gesetzlichen Rente geleistet hat, gesetzlich krankenversichert ist und ab 1990 geboren wurde, liegt hochgerechnet nur noch bei einer Rendite von 2,1 Prozent (Frauen) und 1,8 Prozent (Männer).

Mit Riester das Maximum herausholen

Egal welchen Riester-Vertrag Sie abgeschlossen haben – einmal draufschauen kann sich lohnen. Wichtig: Beim Renten-Check nie den Fiskus vergessen, das betrifft nicht nur Riester.

Die gesetzliche Rente steuert bei der Mehrheit der Rentnerinnen und Rentner immer noch den überwiegenden Teil zum Alterseinkommen bei. Doch selbst die Rentenversicherung weist in ihrer Renteninfo darauf hin: „Da die Renten im Vergleich zu den Löhnen künftig geringer steigen werden und sich somit die spätere Lücke zwischen Rente und Erwerbseinkommen vergrößert, wird eine zusätzliche Absicherung für das Alter wichtiger ('Versorgungslücke')."

Vielleicht haben Sie eine Riester-Rente. Die müssen Sie in Ihren Vermögens-Check einbeziehen. Wie viel Sie hier zu erwarten haben, steht in der jährlichen Mitteilung der Versicherung, Fondsgesellschaft, Bank oder Sparkasse, mit der Sie einen Vertrag abgeschlossen haben.

Beispiel: Erika Muster, Jahrgang 1964, hat zwei vor 2008 geborene Kinder, für die sie noch die vollen Riester-Kinderzulagen in Höhe von jeweils 185 Euro erhält. Hinzu kommt die Grundzulage von 175 Euro. Das macht zusammen 545 Euro im Jahr. Weil Erika die volle Förderung ausschöpft, zahlt sie selbst noch 1555 Euro im Jahr oder 130 Euro monatlich ein. So erreicht sie, zusammen mit den Zulagen, die jährliche förderfähige Höchstgrenze von 2100 Euro. Wenn sie wie geplant mit 65 Jahren vorzeitig in Rente geht, erhält sie von 2029 an eine beitragsfreie Riester-Rente von rund 173 Euro monatlich. Zusammen mit den Überschüssen könnte sich die monatliche Auszahlung sogar auf 200 Euro belaufen.

❝ Sicher ist für Sie nur die garantierte Auszahlung.

Wenn Sie nun in die Mitteilung Ihres Riester-Anbieters schauen, sollten Sie auf jeden Fall zwischen zwei verschiedenen Leistungen unterscheiden: Sicher ist für Sie nur die garantierte Auszahlung. Die Überschüsse oder bei einer fondsbasierten Riester-Rente mögliche Kursgewinne an der Börse sind hingegen nicht garantiert. So steht in der Mitteilung des Versicherers an Erika Muster auch, dass die Überschüsse genauso wie eine Beteiligung an den sogenannten stillen

Reserven des Versicherers nicht garantiert sind, „da die künftige Höhe der Überschussbeteiligung insbesondere von den Verhältnissen am Kapitalmarkt und der Entwicklung der Sterblichkeit abhängt". Es ist deshalb ratsam, solche Mitteilungen zu Ende zu lesen, um sich beim persönlichen Renten-Check von prognostizierten Zahlen nicht blenden zu lassen.

Was auch immer bei Ihrer Riester-Rente unten herauskommen sollte, es wird nicht allzu viel sein und sich vermutlich im Bereich von 100 bis 200 Euro monatlich bewegen. Das liegt nicht nur am gesunkenen Zinsniveau. Oft ist die Riester-Rente für die Kunden und Kundinnen auch recht teuer. Nicht selten sind die Kosten sogar so hoch, dass sie die staatlichen Zulagen und Steuervorteile auffressen.

Doch Riestern hat auch große Vorteile: Für Familien mit Kindern und für Alleinerziehende lohnt sich die Riester-Rente wegen der Zulagen. Für Gutverdienerinnen und Gutverdiener ist sie interessant, weil sich die Beiträge von der Steuer absetzen lassen. Die persönliche Rendite für die selbst eingezahlten Beiträge liegt meist höher als bei jeder anderen sicheren Sparmöglichkeit für die Altersvorsorge.

Falls Sie zu den Riester-Sparern gehören, werden Sie sich nun fragen: Habe ich Möglichkeiten, meine staatlich geförderte private Altersvorsorge bis zur Rente zu verbessern? Die Antwort lautet: Hier ist mehr möglich, als Sie vielleicht denken.

Klassische Riester-Rentenversicherungen prüfen

Bei klassischen Riester-Rentenversicherungen ohne Fondsanlage sollten Sie prüfen, wie alt Ihr Vertrag ist und wann die Auszahlungsphase beginnen soll. Stellt sich dabei heraus, dass Sie noch viele Jahre bis zur Rente haben und Sie sich die Beiträge auch künftig leisten können, sollten Sie den Vertrag nicht kündigen – Sie profitieren ja weiter von staatlicher Förderung und möglichen Steuervorteilen. Das gilt vor allem für ältere Verträge mit Garantiezins, die über die gesamte Laufzeit noch eine – vergleichsweise – gute Verzinsung bieten.

Sie sollten dabei auch kontrollieren, ob Sie genug einzahlen, um von der Förderung zu 100 Prozent zu profitieren. Das ist immer dann der Fall, wenn Ihr Eigenbeitrag plus Zulagen vier Prozent Ihres rentenversicherungspflichtigen Vorjahreseinkommens erreicht. Millionen Sparer und Sparerinnen versäumen es, ihre Beiträge anzupassen, etwa wenn ihr Gehalt gestiegen ist. Wenn Sie Ihre Beiträge erhöhen müssen, sollte Ihnen aber bewusst sein, dass Sie für die erhöhten Beiträge nur mehr den aktuellen niedrigeren Zins erhalten. Erhöhen Sie 2022, gäbe es für den Erhöhungsbeitrag also nur mehr 0,25 Prozent und nicht mehr zum Beispiel 2,75 Prozent.

Riester-Fondspolice wechseln

Versicherer verkaufen derzeit am liebsten fondsgebundene Lebensversicherungen.

Diese Variante gibt es auch bei Riester-Verträgen. Dann fließt zumindest ein Teil des Sparbeitrags in Investmentfonds. Der Erfolg hängt maßgeblich davon ab, wie gut die Fonds sind, die in den Policen stecken. Sparer und Sparerinnen können zum Glück selbst bestimmen, in welche Fonds ihr Geld und gegebenenfalls auch die staatlichen Zulagen wandern sollen. Je mehr Geld dabei in die Fonds fließt, desto wichtiger ist es für Sie, auf den oder die richtigen Fonds zu setzen. Aber Augen auf! Leider empfehlen Versicherungsvertreter häufig vor allem solche Fonds, die hohe Provisionen abwerfen. Die Auswahl der Fonds ist bei den jeweiligen Anbietern in der Regel allerdings stark begrenzt. Die Kundinnen und Kunden sind dann darauf angewiesen, was ihre Versicherung ihnen anbietet.

Ob sich ein Fondswechsel empfiehlt, hängt auch davon ab, wie hoch Ihre Kosten derzeit sind. Im Dezember 2020 untersuchte Finanztest 33 Fondspolicen. Dabei waren die Kosten bei der Zurich-Versicherung zum Beispiel so hoch, dass dies den Modellsparer mit einer Laufzeit von 30 Jahren 1,7 Prozent Rendite pro Jahr kostete. Das klingt nach nicht sehr viel, es summiert sich aber über die Jahre auf Tausende Euro weniger Vermögen zum Vertragsende. Dass es besser geht, zeigen andere Versicherer. Beim Anbieter Europa, mit dem günstigsten Tarif im Test, wurde die Rendite durch die Kosten nur um 0,4 Prozentpunkte gemindert. Wenn Sie einen Fondswechsel anpeilen, sollten Sie diese Faustregeln beachten:

▶ **Vertrag prüfen.** In Ihrer jährlichen Standmitteilung steht, wie sich bei Ihrem Vertrag die Kosten auswirken. Schauen Sie auch im Vertrag Ihrer Fondspolice nach, wie lange dieser bis zum Ende der Sparphase läuft und wie viel Prozent vom insgesamt eingezahlten Kapital dann garantiert für die Ablaufleistung zur Verfügung steht.

▶ **Dauer checken.** Je weniger Zeit Sie haben bis zur Kapitalauszahlung oder bis zum Beginn der Rente, desto niedriger sollte Ihr Anteil bei den Aktienfonds, die als chancenreicher und damit riskanter gelten, sein. Denn einen Kurssturz an den Börsen können Sie dann womöglich nicht mehr aussitzen. Höher gewichtet sollte hingegen der Teil sein, der in Rentenfonds steckt. Deren Kurse schwanken nicht so heftig, die Fonds werfen allerdings auch nicht so viel Rendite ab, weil das Geld in Anleihen von Staaten oder Unternehmen fließt.

▶ **Hilfe nutzen.** Mit dem Fondspolicen-Optimierer von Finanztest (test.de/riesterfondspolicen) können Sie nach geeigneten Anbietern suchen. Anhand von Vertragsnamen sowie der im Vertrag genannten Zertifizierungsnummer können Sie Ihre Versicherung identifizieren. Sie finden dann für etliche Riester-Tarife aus dem Angebot des

Versicherers die jeweils besten Fonds. Empfiehlt Finanztest mehrere Fonds, können Sie Beiträge prozentual zu gleichen Teilen oder je nach Ihren Präferenzen aufteilen. Dadurch wird Ihr Anlagerisiko weiter vermindert, weil das Geld breiter verteilt ist.

▶ **Wechsel vornehmen.** Sie informieren Ihren Versicherer und tauschen schlechte gegen bessere Fonds. Fragen Sie aber sicherheitshalber nach, ob und was das kostet. Idealerweise sollte das Wechseln kostenlos sein.

Brutto ist auch im Alter nicht gleich netto

Wer seine Rentenlücke ermitteln und seine Altersvorsorge optimieren will, sollte mögliche Abzüge einplanen. Bislang zahlen knapp sechs Millionen Steuerpflichtige Einkommensteuer auf Rentenbezüge. Für Neurentner steigt der der steuerpflichtige Anteil schrittweise. Bei Versicherten, die zum Beispiel 2022 in den Ruhestand gehen, beläuft sich der steuerpflichtige Anteil auf 82 Prozent. Jährlich steigt er um ein Prozent. Zehn Jahre später, 2032, beträgt dieser Anteil schon 92 Prozent.

Wird die Rentenbesteuerung von 2023 an tatsächlich so reformiert, wie dies im Koalitionsvertrag steht, sinkt der Besteuerungsanteil auf 87 Prozent bei Rentenbeginn im Jahr 2032. Ursprünglich sollte sich innerhalb einer Übergangsphase der steuerpflichtige Anteil der Rente bis auf 100 Prozent im Jahr 2040 erhöhen. Die Ampelkoalition plant, diesen Anteil auf 91 Prozent 2040 zu verringern. Vorgesehen ist dann eine volle Besteuerung erst ab Rentenbeginn im Jahr 2058.

Was das Finanzamt übrig lässt

Ob Sie tatsächlich Steuern zahlen müssen, hängt von Ihren gesamten steuerpflichtigen Einkünften ab. Wollen Sie als älterer Angestellter oder ältere Angestellte selbst ausrechnen, wie hoch Ihre Steuern im Ruhestand sind, ist das allerdings nicht auf die Schnelle möglich. Das gilt vor allem dann, wenn weitere Auszahlungen, etwa aus einer Riester-Rente, einer privaten Rentenversicherung oder einer Betriebsrente, hinzukommen. Denn je nach Art des Vertrags und Gestaltung der Auszahlung sind sehr unterschiedliche Steuervorschriften zu beachten.

Anders als die gesetzliche Rente ist die Riester-Rente etwa in der Auszahlungsphase voll steuerpflichtig. Betroffene können jedoch den Altersentlastungsbetrag nutzen. Dieser für Nebeneinkünfte maßgebliche steuerliche Freibetrag wird ab dem Alter von 64 Jahren gewährt. Er ist indes nicht allzu groß und sinkt für jüngere Jahrgänge stufenweise.

Beispiel: Ein Mann geht 2032 mit 65 Jahren in Rente. Dann beläuft sich dieser Freibetrag auf 6,4 Prozent der Nebeneinkünfte oder maximal 304 Euro jährlich. Allerdings werden bei dem Freibetrag Miet- und Kapi-

Beamten- und Firmenpensionen

Versorgungsbezüge wie Beamten- und Firmenpensionen sind steuerpflichtig. Durch den Versorgungsfreibetrag plus Zuschlag bleibt aber ein Teil steuerfrei. Für jeden neuen Jahrgang sinken Freibetrag und Zuschlag.

Beginn der Pension (Jahr)[1]	Versorgungsfreibetrag (Prozent)/Jahr[2]	Maximal steuerfrei (Euro)/Jahr
2019	17,6	1 320 + 396 Zuschlag
2020	16,0	1 200 + 360 Zuschlag
2021	15,2	1 140 + 342 Zuschlag
2022	14,4	1 080 + 324 Zuschlag
2023	13,6	1 020 + 306 Zuschlag

1) Ausgewählte Werte, weitere Werte im Einkommensteuergesetz § 19.
2) Der Freibetrag wird vom Zwölffachen der ersten vollen Monatspension berechnet. Für jeden Monat ohne Pension sinken die Beträge um ein Zwölftel. Der Zuschlag wird maximal bis zur Höhe der Pension abgezogen, die nach Abzug des Versorgungsfreibetrags bleibt. Für Firmenpensionäre gilt der Versorgungsfreibetrag erst ab 63 Jahren, für Schwerbehinderte ab 60 Jahren. Keine Altersgrenze für Pensionen an Hinterbliebene oder bei Berufs-/Erwerbsunfähigkeit.

taleinkünfte sowie Einnahmen aus einem Nebenjob mitgezählt.

Bei der Betriebsrente ist es etwas anders. Hier hängt die Steuerlast unter anderem davon ab, wann Sparerinnen und Sparer den Vertrag abgeschlossen haben. Auszahlungen aus einer Pensionskasse, einem Pensionsfonds oder einer Direktversicherung unterliegen zum Beispiel voll der Steuer, sofern der entsprechende Vertrag nach 2004 unterzeichnet wurde. In der Ansparphase fließen die Beiträge direkt vom Bruttolohn ab, wodurch sich Sozialabgaben und Steuern sparen lassen. Dafür greift das Finanzamt später in der Auszahlungsphase zu. Es gilt: Wurde der Vertrag bis Ende 2004 unterschrieben, sind die entsprechenden Betriebsrenten nur zum Teil steuerpflichtig, sofern die Beiträge pauschal oder komplett versteuert wurden. Der steuerpflichtige Anteil richtet sich nach dem Alter bei Auszahlungsbeginn.

Extraregeln für Lebensversicherungen beachten

Wird eine Rente aus einer privaten Versicherung ausgezahlt, unterliegt diese nur zum Teil der Steuer. Je später die Rente überwiesen wird, desto weniger kann sich der Fiskus holen. Es kann sich daher für Frührentnerinnen und -rentner lohnen, zunächst nur die gesetzliche Rente zu beziehen und später die private Rente zu erhalten. Wollen Sie zum Beispiel mit 65 in Rente gehen, wären aus Ihrer privaten Zusatzrente immerhin 82 Prozent von vorneherein steuerfrei.

Bei Auszahlungen aus einer Kapitallebensversicherung sieht es noch einmal anders aus: Erfolgte der Vertragsabschluss bis 2004, sind die Kapitalauszahlungen steuerfrei. Voraussetzungen: Die Verträge hatten eine Laufzeit von mindestens zwölf Jahren, es wurden fünf Jahre lang Beiträge eingezahlt, und 60 Prozent der Beiträge waren für die Todesfallleistung vereinbart. Bei später abgeschlossenen Verträgen gelten andere Regeln, die dann zu einer Steuerlast führen.

Betriebliche Direktzusagen und Unterstützungskassen

Vielleicht gehören Sie aber auch zu den zukünftigen Ruheständigen, die einmal eine Pension erhalten werden. Pensionen bekommen nicht nur ehemalige Beamte. Viele Arbeitnehmer erhalten auch noch eine Werkspension von ihrem Arbeitgeber aus einer sogenannten betrieblichen Direktzusage oder einer Unterstützungskasse. Diese Werkspensionen sind ebenfalls steuerpflichtig. Das Finanzamt berücksichtigt hier aber den Versorgungsfreibetrag plus einem Zuschlag. Dieser Freibetrag sinkt allerdings für jeden neuen Jahrgang. Gehen Sie zum Beispiel mit 64 im Jahr 2030 in Rente, bleiben von der Firmenpension maximal 600 Euro plus 180 Euro Zuschlag steuerfrei.

Auch Krankenkassen wollen Geld

Ebenfalls nicht zu vergessen: Auch die Beiträge für die Kranken- und Pflegeversicherung verringern in Ihrer dritten Lebensphase Ihr Haushaltsbudget.

Gesetzlich Krankenversicherte zahlen normalerweise den halben Beitragssatz ihrer Krankenkasse. Für die Riester-Rente sind keine Beiträge fällig, für Betriebsrenten allerdings der volle Satz.

Freiwillig versicherte Rentner müssen höhere Krankenkassenbeiträge einplanen.

Steuern und Sozialabgaben: Fazit

Je nach Art des privaten Vorsorgevertrags müssen Ruheständler also mit Steuern und Sozialabgaben in unterschiedlicher Höhe rechnen. Entscheidend ist zum Teil, wann der Vertrag geschlossen wurde und wie die Rentner krankenversichert sind. Einen ausführlichen Überblick zu den Steuern und Sozialabgaben auf Auszahlungen aus privater Vorsorge finden Sie im Abschnitt „Hilfe" ab Seite 148.

Betriebsrente und Rürup optimal nutzen

Arbeitgeber müssen bei der „Entgeltumwandlung" dazuzahlen. Wer für eine Betriebsrente spart, sollte das nutzen – und gegebenenfalls verhandeln. Selbstständige können auch in die gesetzliche Rente investieren.

Seit 2002 können alle Beschäftigten von ihrem Arbeitgeber verlangen, für sie einen Teil ihres Weihnachts- oder Urlaubsgelds oder ihres Lohns in eine betriebliche Altersvorsorge einzuzahlen. Dadurch lassen sich Steuern und Sozialabgaben sparen. Die Beiträge für die spätere Betriebsrente wandern dann in eine Pensionskasse, eine Direktversicherung oder einen Pensionsfonds. Der sozialabgabenfreie Höchstbeitrag beläuft sich auf bis zu vier Prozent der sogenannten Beitragsbemessungsgrenze (BBG) in der allgemeinen Rentenversicherung. Für die Arbeitnehmer und Arbeitnehmerinnen ist das gut, weil sie sich im Ruhestand über eine Betriebsrente freuen können. Die Arbeitgeber wiederum haben geringere Lohnzusatzkosten, weil sie weniger Sozialabgaben zahlen müssen. Falls Sie diese sogenannte Entgeltumwandlung auch nutzen, sollten Sie bei Ihrem Finanz-Check darauf unbedingt einen Blick werfen. Vielleicht lässt sich das ein oder andere auch hier verbessern. Dazu ein paar wichtige Hinweise:

Arbeitgeber müssen seit 2019 Beschäftigten, die erstmals die Entgeltumwandlung nutzen, mit einem Zuschuss von 15 Prozent unterstützen. Voraussetzung: Der Betrieb spart Sozialabgaben genauso wie der Arbeitnehmer. Seit 2022 sind Arbeitgeber verpflichtet, auch für Altverträge Zuschüsse zu überweisen. Sie sollten deshalb prüfen, ob Sie diesen Zuschuss überhaupt bekommen.

Rechnen Sie sicherheitshalber ebenfalls nach, ob der Zuschuss korrekt und ausreichend ist. 15 Prozent des umgewandelten Betrags sind fällig, wenn brutto unterhalb der BBG in der gesetzlichen Kranken- und Pflegeversicherung verdient wird. Diese Obergrenze liegt 2022 bei 4 837,50 Euro im Monat. Bei Bruttoverdiensten, die über der BBG in der Rentenversicherung liegen (das sind 2022 bundesweit einheitlich 7 050 Euro), muss der Arbeitgeber keinen Zuschuss leisten. Voraussetzung: Die Umwandlungsbeträge sind komplett steuer- und sozialabgabenfrei. Bewegt sich das Bruttogehalt zwischen 4 837,50 und 7 050 Euro und sind die gezahlten Beiträge damit nicht kranken- und pflegeversicherungspflichtig, darf der Betrieb den Zuschuss kürzen, und zwar auf die eigene Ersparnis von derzeit zehn Prozent. In Tarifverträgen kann aber weiter von der Zuschussregel abgewichen werden.

Ist ein Zuschuss für Altverträge zu zahlen, sind zwei Varianten möglich: 1. Es bleibt beim bisher bezahlten Beitrag. Der Zuschuss des Arbeitgebers kommt aber von 2022 an dazu. 2. Möglich ist es aber auch, weniger Gehalt umzuwandeln, sodass der Beitrag einschließlich Zuschuss so hoch ist wie der bislang gezahlte Umwandlungsbetrag.

Wann sich Gehalt umwandeln wirklich lohnt

Lohn oder Gehalt in eine spätere Betriebsrente umzuwandeln ist nur dann wirklich sinnvoll, wenn es einen möglichst kräftigen Zuschuss vom Arbeitgeber gibt – aus zwei Gründen: Klar, wenn Sie von Ihrem Bruttogehalt für eine Pensionskasse, eine Direktversicherung oder einen Pensionsfonds etwas abzwacken, sparen Sie Sozialabgaben. Dadurch stecken Sie allerdings auch weniger Geld in die Rentenkasse und tun weniger für Ihre Rentenansprüche. Die betriebliche Altersvorsorge sollte dieses Minus mehr als kompensieren. Hinzu kommt ein großes Ärgernis in der Phase, wenn die Betriebsrente ausgezahlt wird. Fast ein Fünftel der Rente geht oberhalb eines Freibetrags von derzeit 164,50 Euro für Kranken- und Pflegeversicherungsbeiträge ab, jedenfalls bei gesetzlich versicherten Betriebsrentnern. Dieser Freibetrag wird normalerweise jedes Jahr geringfügig erhöht.

Unterm Strich kann sich die Entgeltumwandlung lohnen, wenn der Arbeitgeber mindestens 15 Prozent, besser 20 oder 30 Prozent selbst beisteuert. Falls Sie nur 15 Prozent Zuschuss bekommen, können Sie

 Mehr als jeder zweite sozialversicherungspflichtig Beschäftigte hat Anspruch auf eine betriebliche Altersvorsorge (BAV). Dies ergibt sich aus dem Alterssicherungsbericht der Bundesregierung. Allerdings kommen Arbeitgeber immer seltener allein für die Beiträge auf. 2001 belief sich der Anteil der BAV, die ausschließlich Arbeitgeber finanzierten, noch auf 54 Prozent. Heute schultert nicht einmal jeder vierte Betrieb die Last allein – vielen Arbeitgebern ist das zu aufwendig. Außerdem ist es durch die niedrigen Zinsen schwieriger geworden, die Betriebsrenten dauerhaft zu finanzieren.

bei Ihrer Chefin oder Ihrem Chef beziehungsweise in der Personalabteilung nachhaken, ob sich der Zuschuss nicht erhöhen lässt. Das bietet sich auch dann an, wenn eine gewünschte Gehaltserhöhung verweigert wurde.

Betriebsrente oder Kapitalauszahlung?

Wird statt einer Rente eine Kapitalauszahlung bei der betrieblichen Altersvorsorge bevorzugt, ist der Betrag für die Ermittlung der Sozialabgaben auf 120 Monate aufzuteilen. Diese Sozialabgaben sind dann pro Monat für diese fiktive Rente zu bezahlen.

Beispiel: Eine Rentnerin bekommt 200 000 Euro ausgezahlt. Geteilt durch 120, ergibt dies 1 666,67 Euro. Davon abgezogen wird der Freibetrag in Höhe von 164,50 Euro. Die Beiträge für die Krankenkasse sind somit auf eine fiktive Rente von 1 502,17 Euro fällig. Das macht 232,83 Euro monatlich. Unterm Strich kann sich so die Höhe der Auszahlung durch die Krankenkassenbeiträge um mehrere Tausend oder Zehntausend Euro verringern!

Die Rürup-Rente mit ETF kombinieren

Viele Selbstständige machen um ihre Altersvorsorge einen großen Bogen. Nicht wenige sind überzeugt, dass sie sowieso bis ins hohe Rentenalter arbeiten werden, weil sie keine gesetzliche Rente erhalten. Andere kümmern sich aus Geld- oder Zeitmangel nicht darum. Mit der Rürup-Rente, benannt nach dem Erfinder und früheren Wirtschaftsweisen Bert Rürup, sollte dies besser werden. Sie sollte Selbstständigen ermöglichen, für eine Rente außerhalb der gesetzlichen Rentenversicherung zu sparen.

Der große Vorteil der Rürup-Rente, oft auch Basis-Rente genannt, ist die staatliche steuerliche Förderung beim Einzahlen. Beiträge lassen sich 2022 in der Steuererklärung bei den sogenannten Vorsorgeaufwendungen in Höhe von bis zu 25 639 Euro angeben. Das Finanzamt berücksichtigt davon 94 Prozent, aufgerundet sind das 24 101 Euro. Ab 2023 werden es bereits 100 Prozent sein, wenn die Ampel-Koalition ihr Vorhaben im Koalitionsvertrag plangemäß umsetzt. Doch Vorsicht: Auch andere Beiträge, zum Beispiel für ein berufsständisches Versorgungswerk oder die gesetzliche Rente, zählen hier mit.

Attraktiv ist die Rürup-Rente deshalb vor allem, wenn man im Arbeitsleben viel verdient, größere Beiträge möglichst von mehreren Hundert Euro im Monat zahlen kann und später als Rentner oder Rentnerin im Vergleich dazu weniger in der Tasche haben wird – also auch wenig Steuern zahlen muss.

Beispiel: Wer als Selbstständiger 100 000 Euro Gewinn erwirtschaftet und 12 000 Euro im Jahr in eine Rürup-Police steckt, spart damit 5 188 Euro Steuern im Jahr, netto sind also nur 6 812 Euro einzuzahlen, der Rest kommt vom Staat.

Als Rürup-Verträge verkauft haben die Versicherer bislang vor allem klassische Rentenversicherungen – mit den bekannten gravierenden Nachteilen: gesunkene Garantiezinsen und ungewisse Überschüsse, häufig hohe Abschluss- und Verwaltungskosten, unflexible Verträge.

Falls Sie eine klassische Rürup-Rentenversicherung haben und damit unzufrieden sind, gibt es verschiedene Möglichkeiten, aus einem schlechten Vertrag einen besseren zu machen:

1 Sie stellen Ihren Rürup-Vertrag beitragsfrei. Ihre Zahlungen sind damit quasi eingefroren. Diese Pause müssen Sie aber unbedingt mit Ihrem Anbieter vereinbaren. Klären Sie dabei auch mögliche Kosten. Allerdings wird das nicht unbedingt gern gesehen. Manche Versicherer stimmen der Beitragspause nur zu, wenn Sie die Prämien auf bestimmte Zeit aussetzen. Wenn Sie ein sofortiges Nein verhindern wollen, sollten Sie Ihren Versicherer nicht darüber informieren, dass Sie nie wieder etwas einzahlen möchten. Andere Versicherer lassen es aber zu, wenn die Beitragsfreistellung bis zu Ihrem Renteneintritt dauert. Wichtig zu wissen: Das bislang angesparte Kapital arbeitet weiter, aber der Steuervorteil ist weg, und Sie bekommen weniger Rürup-Rente ausgezahlt als ursprünglich vorgesehen.

2 Sie reduzieren Ihre Beiträge. Meist beläuft sich der fällige Mindestbetrag auf 25 oder 50 Euro pro Monat. Das ist zumindest eine Alternative, wenn Ihr Versicherer einer Beitragsfreistellung nicht zustimmt.

3 Sie wechseln den Anbieter. Sie müssen Ihren Versicherer fragen, ob er einem Wechsel zu einem günstigeren Anbieter mit einem attraktiveren Angebot zustimmt. Dazu verpflichtet ist er allerdings nicht. Falls das geht, schließen Sie einen neuen Vertrag ab. Das bereits ersparte Kapital im alten Vertrag müssen Sie dann in den neuen Vertrag übertragen lassen. Klären Sie aber vorher, was das kostet und wie Ihnen der neue Anbieter hilft. Klappt das, werden bei Ihrem Renteneintritt beide Verträge verrentet.

4 Fondsgebundene Rürup-Policen verbessern. Vielleicht setzen Sie auch mit einer fondsgebundenen Rürup-Rentenversicherung auf den Aktienmarkt. Dann sollten Sie auf jeden Fall prüfen, ob Sie in wirklich geeignete Fonds sparen und ob Ihre Anlagestrategie zu Ihrem Alter passt. Bei einer Finanztest-Untersuchung von 16 Rürup-Fondspolicen im Dezember 2021 kam leider heraus: Ein zu großer Anteil der Beiträge landet in der Kasse des Versicherers und nicht im Fonds des Sparers. Teure Tarife sind aber Renditekiller. Deshalb sollten Sie auf diese Punkte achten: 1. Prüfen Sie, ob Sie Ihre Kosten verringern können, wenn Sie bislang in einen gemanagten Fonds mit womöglich hohen Kosten angespart haben. Fragen Sie Ihren Anbieter, ob er auch ETF auf den Weltindex MSCI World zur Auswahl anbietet, bei Bedarf auch in der nachhaltigen Variante. Sollten Sie sich noch eine fondsgebundene Rürup-Police neu zulegen und schon älter als 50 sein, können Sie gleich mit ETF sparen. Möglich ist dies zum Beispiel beim Anbieter Raisin Pension. Bei Raisin können Sie aus 200 ETF frei auswählen. Laut einem Vergleich von Finanztest mit Fondspolicen aus dem Rürup-Test vom Dezember 2021 bietet Raisin eine gute Alternative für Sparer, die Wert auf ein großes ETF-Angebot legen. Im Vergleich zum Testsieger schneidet das Produkt bei Kosten und garantiertem Rentenfaktor aber schlechter ab.

2. Prüfen Sie, ob Ihr Anbieter die von Ihnen gewählte Aufteilung zwischen Renten (Anleihen) und Aktien automatisch wieder auf den ursprünglichen Stand bringt (Rebalancing). Sind die Kurse gesunken, werden dann Aktienfonds tendenziell nachgekauft, haben die Kurse zugelegt, werden Fondsanteile verkauft.

3. Einige Jahre vor Ende des Vertrags sollten Sie auf jeden Fall, sofern Sie mit Ihrem Aktienanteil an der Börse gute Gewinne gemacht haben, größere Summen in Renten- und Geldmarktfonds umschichten, damit Sie nicht kurz vor Eintritt in die Rente einen Großteil Ihres mühsam ersparten Geldes durch einen Börsencrash verlieren.

Rürup oder besser gesetzliche Rente für Selbstständige?

Vergleicht man, was bei der gesetzlichen Rente herausspringen kann und was selbst ein kostengünstiger, klassischer Rürup-Tarif bringt, kann die gesetzliche Rentenversicherung mehr als mithalten.

Beispiel: Zahlt ein 57-Jähriger zehn Jahre 100 Euro freiwillig an Rentenbeiträgen, bekommt er 53 Euro gesetzliche Monatsrente (Stand: Ende 2021). Die garantierte Rente eines kostengünstigen Rürup-Tarifs beträgt hingegen 40 Euro, ohne mögliche Überschüsse. Selbstständige sollten deshalb grundsätzlich prüfen, ob es sich für sie nicht eher lohnt, freiwillig Beiträge in die gesetzliche Rentenkasse einzuzahlen. Das kann selbst für einen Berufstätigen rentabel sein, der 50 Jahre plus x ist, besonders dann, wenn durch Zahlungen über ein, zwei, drei Jahre die erforderliche Versicherungszeit von fünf Jahren für einen Rentenanspruch erreicht wird.

▶ Mehr zur Rentenplanung erfahren Sie im Ratgeber „Finanzplaner 60+. Steuern, Recht und Finanzen für die zweite Lebenshälfte". Erhältlich unter test.de/shop.

Klarheit gewinnen

Was fehlt? Was kann ich besser machen? Was der Vermögens-Check bringen sollte.

Zugegeben, so ein Vermögens-Check ist schon eine aufwendige Angelegenheit, wenn man das nicht mal eben so in 30 Minuten erledigt, wie dies manche Geldberater tun zu können glauben. Aber die Mühe lohnt sich – gewissermaßen als zeitliche Investition in Ihre Zukunft. Denn nur so haben Sie eine solide Basis, um Ihre weiteren finanziellen Vorhaben und Ziele für Ihr Vermögen zu definieren.

Was also sollte am Ende des Vermögens-Checks für Sie klar sein?

▶ **Geldvermögen.** Sie haben sich ein Bild gemacht von Ihrem täglich oder in den nächsten ein, zwei, drei Jahren verfügbaren Geldvermögen. Liegt als Notreserve und für größere Anschaffungen genug auf den Tages- und Festgeldkonten, können Sie sich bei Bedarf ans Optimieren machen und zu Banken wechseln, die bei ausreichender Sicherheit überdurchschnittlich gute Zinsen zahlen. Sie haben Ihr Wertpapierdepot unter die Lupe genommen. Falls Sie dort noch ausmisten müssen, zögern Sie nicht, auch wenn es weh tut! Sie kennen jetzt Ihre Risikostruktur und wissen, wie Ihr Geldvermögen auf verschiedene Anlageklassen verteilt ist. Wenn Sie ein

Klumpenrisiko identifiziert haben, schmieden Sie einen realistischen Plan, wie Sie dieses Schritt für Schritt abbauen können. Falls alles passt, können Sie sich überlegen, welches finanzielle Ziel Sie wann erreichen wollen, und schließen zum Beispiel entsprechende Fondssparpläne ab.

▶ **Immobilie.** Sie haben nun eine klare Vorstellung davon, was Sie mit vorhandenen Immobilien zu tun gedenken. Sie haben auch geklärt, ob sich die Finanzierung verbessern lässt oder die Rücklagen für Renovierungsausgaben zu erhöhen sind. Wenn Sie etwas ändern wollen oder müssen, fangen Sie lieber gleich damit an.

▶ **Rente.** Ihr Vermögens-Check war auch ein Renten-Check. Zugegeben, da kann einiges an verschiedenen Einkünften und einiges an Steuern und Abgaben zusammenkommen. Und klar, an den gesetzlichen Regelungen kann sich in den nächsten zehn Jahren immer etwas ändern. Trotzdem können Sie sich selbst eine Übersicht machen. Am besten Sie legen sich Ihre persönliche Tabelle für Ihre zukünftigen Alterseinkünfte an, die Sie bei Bedarf auch ak-

Schau genau!

Provisionshungrige Finanzberater rechnen gerne vor, wie die Inflation den Wert des Vermögens schleichend verringert. Das ist nicht korrekt, wenn sie Kunden mit der Angabe „riesiger Rentenlücken" verunsichern, weil sie nicht berücksichtigt haben, dass die Renten fast stetig steigen. Tatsächlich würden bei einer zunehmenden Inflation normalerweise Löhne und damit auch die Renten steigen.

tualisieren können. Dafür tragen Sie in einer Spalte die jeweilige Einkunftsart ein (gesetzliche Rente, Betriebsrente, Kapitaleinkünfte, Riester-Rente, private Rentenversicherungen, Mieteinnahmen) und daneben Ihre voraussichtlich fälligen steuerlichen Abzüge sowie mögliche Beiträge für die Kranken- und Pflegeversicherung. Am Ende müssen Sie nur noch die jeweiligen Summen addieren, um einen Überblick über Ihre Alterseinkünfte zu bekommen. Selbst wenn sich der eine oder andere Wert nur annäherungsweise schätzen lässt, können Sie so ein Gefühl dafür bekommen, wie es mit 65 oder 67 aussehen könnte. Das schützt Sie vor bösen Über-

raschungen und hilft Ihnen in einem weiteren Schritt Ihre mögliche Rentenlücke zu ermitteln.

▶ **Steuern und Sozialabgaben.** Was am Ende übrig bleibt, hängt natürlich vom Einzelfall ab. Ein Beispiel wollen wir Ihnen aber nicht vorenthalten. Finanztest hat als Orientierungshilfe für einen Musterfall ermittelt, wie hoch Steuern und Sozialabgaben ausfallen, sollten neben einer gesetzlichen Rente noch eine Riester-Rente sowie eine Betriebsrente ausgezahlt werden (Finanztest 6/2020). **Beispiel:** Erika ist 62 Jahre alt und gesetzlich krankenversichert. Sie erhält bei einem Rentenbeginn 2021 genau 1 677 Euro gesetzliche Rente, 90 Euro Riester-Rente und 610 Euro Betriebsrente. Ihre Bruttorenten belaufen sich somit auf insgesamt 2 377 Euro. Ihre Sozialabgaben betragen 2021 demnach 187 Euro für die gesetzliche Rente sowie 91 Euro für die Betriebsrente. Ans Finanzamt muss sie auf den Monat umgerechnet 235 Euro Steuern zahlen. Erika Schuster bleiben also netto 1 864 Euro übrig, genau 513 Euro weniger gemessen an ihrem Brutto-Alterseinkommen.

In den Kapiteln ab S. 67 zeigen wir anhand einiger Musterfälle, welche Vermögensziele sich entsprechend der zuvor genannten Aspekte ergeben können.

Wie die Inflation am Ersparten nagt

Der reale Wert von 50 000 Euro verringert sich im Lauf der Zeit – je höher die Inflationsrate, desto drastischer. Bei einer durchschnittlichen jährlichen Inflationsrate von 3 Prozent sind 50 000 Euro nach 15 Jahren nur noch 32 090 Euro wert.

Kaufkraft bei einer jährlichen Inflationsrate von ... Prozent

Jahre	0	1	2	3	4	5	6	8
5	50 000	47 570	45 290	43 130	41 100	39 180	37 360	34 030
10	50 000	45 260	41 020	37 200	33 780	30 700	27 920	23 160
15	50 000	43 070	37 150	32 090	27 760	24 050	20 860	15 760
20	50 000	40 980	33 650	27 680	22 820	18 840	15 590	10 730
30	50 000	37 100	27 600	20 600	15 420	11 570	8 710	4 970

Zahlen sind auf Zehnerstellen gerundet. Quelle: eigene Berechnungen.

Die unterschätzte Wirkung der Inflation

Sie sollten bei Ihrer gesamten finanziellen Planung für die Zukunft und der Optimierung Ihres Vermögens bedenken, was auch in Ihrer Renteninformation steht: Dort lässt sich ein wichtiger Hinweis finden, den die Lebensversicherer in ihren Standmitteilungen verschweigen: „Bei der ergänzenden Altersvorsorge sollten Sie – wie bei Ihrer zu erwartenden Rente – den Kaufkraftverlust beachten." Der Anstieg der Lebenshaltungskosten kann sowohl die Kaufkraft Ihres Vermögens als auch die Ihres zu erwartenden Alterseinkommens verringern. Dies war zum Beispiel 2021 der Fall und wird auch 2022 trotz einer üppigen Rentenerhöhung so sein. Das liegt an der Inflationsrate, die im Mai 2022 sogar knapp acht Prozent erreichte. Wie sich der Inflationseffekt für Ihre Vermögens- und Rentenplanung auswirkt beziehungsweise was Sie sich für Ihre Rente kaufen können, lässt sich allerdings nur mit einem Modell berechnen. Steigt zum Beispiel die Inflation jährlich um durchschnittlich zwei Prozent, dann sind in zehn Jahren 1 219 Euro nötig, um die heutige Kaufkraft von 1 000 Euro zu erhalten. Oder haben Sie zum Beispiel 50 000 Euro unverzinst auf der hohen Kante, dann haben diese bei einer Inflationsrate von jährlich fünf Prozent in zehn Jahren nur noch eine Kaufkraft von 30 700 Euro (siehe dazu Tabelle oben).

Zünden Sie den Vermögens-Turbo

Was habe ich in den nächsten 30 Jahren vor? Wofür und wie will ich Geld anlegen? Wer gut plant, kann sich später leichter Wünsche erfüllen.

Nach Ihrem großen Vermögens-Check ist nun der nächste Schritt zu setzen. Dazu gehört auch eine unangenehme Frage: Habe ich eine Rentenlücke? Und wenn ja, kann ich etwas dagegen tun? Oder bin ich für den Ruhestand so gut aufgestellt, dass ich sogar früher in Rente gehen könnte? Welche Träume will ich mir später noch erfüllen? Was auch immer Sie vorhaben: Ihre Ziele sollten realistisch sein. Wenn Sie davon ausgehen, noch 20, 30 gute Jahre vor sich zu haben, Sie kein mehrfacher Millionär sind und nicht über ein grenzenloses Anlagebudget verfügen, ist es auf jeden Fall vernünftig, Prioritäten zu setzen. Also zum Beispiel erst Geld für eine geplante größere Anschaffung oder für die zusätzliche Altersvorsorge zurückzulegen, bevor Sie sich daranmachen, etwas für die große Luxusreise mit dem Kreuzfahrtschiff abzuknapsen.

In diesem Kapitel zeigen wir, welche Möglichkeiten es gibt, Geldanlage und Altersvorsorge zu optimieren. Wir erläutern, was Sie bei der Planung Ihrer finanziellen Zukunft beachten sollten. Und wir helfen, Ziele zu definieren.

Eine Strategie entwickeln

Einfach mal zum Stift greifen: Wer die persönlichen Ziele klar formuliert, wird es leichter haben, diese auch zu erreichen.

Haben Sie Ihren Vermögens-Check schon abgeschlossen? Dann können Sie sich selbst ein Kompliment machen. Viele Menschen verschieben das auf den Sankt-Nimmerleins-Tag und investieren bestenfalls irgendwie ihr Geld, aber ohne Strategie und ohne zu wissen, was sie eigentlich für Ziele haben. Bevor Sie loslegen, sollten Sie aber zunächst Ihre eigenen Ziele formulieren. Das Gute dabei: Das bereitet sicherlich mehr Freude als ein Vermögens-Check. Sie dürfen dabei auch träumen, denn manches davon lässt sich bestimmt auch erfüllen.

Hilfreich ist, sich einen eigenen finanziellen „Schlachtplan" zu erstellen: Sie können zum Beispiel notieren:

▸ **Welche größeren Anschaffungen** in den nächsten Jahren unbedingt sein müssen, wann diese ungefähr fällig sind und wie viel Geld Sie dafür brauchen. Falls Ihr Vermögens-Check ergeben hat, dass dafür noch Geld fehlt, notieren Sie sich die fehlenden Beträge.

▸ **Der Check Ihrer voraussichtlichen Alterseinkünfte** hat womöglich ergeben, dass Sie eine Rentenlücke haben. Das kann sogar dann sein, wenn Sie Anspruch auf eine gesetzliche Rente, eine schmale Riester-Rente und eine Betriebsrente haben. Trotzdem kann Ihre Bestandsanalyse leider ergeben, dass Sie noch von der Zielmarke – Ihr Alterseinkommen entspricht ungefähr 80 Prozent Ihres letzten Nettogehalts – ein Stück entfernt sind. Dann können Sie für sich festlegen, wie hoch Ihr zusätzliches Vermögen sein sollte, um sich daraus ein Zusatzeinkommen, eine Zusatzrente im Alter auszahlen zu lassen und so Ihre Rentenlücke möglichst auszugleichen. Mit einem Sparplanrechner und einem Entnahmerechner im Netz (etwa zinsen-berechnen.de) können Sie in Sekunden erfahren, um welche Beträge es dabei für bestimmte Zeiträume und unter Annahme bestimmter Renditen gehen könnte.

Besitzen Sie eine Immobilie, die vor Eintritt in die Rente abbezahlt sein wird? Dann sollte dies beim Formulieren Ihrer Ziele einbezogen werden.

Wenn Sie darin im Alter mietfrei wohnen, können Sie auf jeden Fall risikofreudiger Ihr Vermögen beziehungsweise den zusätzlichen Vermögensaufbau managen. Vielleicht denken Sie aber auch an einen

Das wird aus 100 Euro im Monat

Zahlen Sie monatlich 100 Euro in einen Sparplan ein, kann sich daraus je nach durchschnittlicher jährlicher Rendite im Lauf der Zeit eine ansehnliche Summe entwickeln.

Jahre	Jährliche Durchschnittsrendite							
	1	2	3	4	5	6	7	8
	Endvermögen (Euro) bei einer jährlichen Sparplanrendite von … Prozent							
5	6 150	6 310	6 470	6 640	6 810	6 980	7 160	7 340
10	12 620	13 280	13 980	14 720	15 500	16 330	17 200	18 130
15	19 420	20 980	22 680	24 550	26 590	28 830	31 290	33 980
20	26 570	29 470	32 770	36 500	40 750	45 560	51 040	57 270
30	41 970	49 210	58 010	68 750	81 870	97 930	117 610	141 760

Lesebeispiel: Bei einer jährlichen Rendite von durchschnittlich 5 Prozent beläuft sich das Endguthaben bei einer Einzahlung von monatlich 100 Euro nach 20 Jahren auf 40 750 Euro. Zahlen sind auf Zehnerstellen gerundet. Steuern und Handelskosten sind nicht berücksichtigt. Quelle: eigene Berechnungen.

Verkauf? Oder Sie haben eine vermietete Immobilie als Kapitalanlage, die Sie gerne verkaufen möchten. Dann sollten Sie überlegen, was Sie mit dem Verkaufserlös machen wollen.

▶ **Vergessen Sie bei Ihrer Analyse auch das Thema Erben und Vererben nicht.** Ist es schon hundertprozentig sicher, dass Sie einmal in nennenswertem Umfang erben, kann es sehr gut sein, dass Sie sich zum Beispiel wegen einer Rentenlücke nicht mehr so große Sorgen machen müssen. Es kann auch sein, dass Sie etwa Ihren Kindern unbedingt einen bestimmten Anteil Ihres Vermögens hinterlassen wollen, den Sie keinesfalls selbst nutzen möchten.

Auch das beeinflusst Ihre Geldanlagestrategie.

▶ **Überlegen Sie zudem, auf welche Instrumente** Sie bei der Vermehrung Ihres Vermögens setzen wollen. Wie viel Geld steht mir monatlich für einen oder mehrere Sparpläne zur Verfügung? Gibt es vorhandenes Geldvermögen, dessen Anlage sich optimieren lässt und für einmalige und mehrmalige größere Investments in verschiedenen Zeitabständen zur Verfügung steht? Erst dann haben Sie eine gute Basis, um sich ein auf Ihre Ziele zugeschnittenes Wertpapier-Portfolio zu erstellen, das auch zu Ihrem Risikoprofil passt. Mehr dazu lesen Sie ab S. 23 und ab S. 56.

Das wird aus 50 000 Euro

Bei 7 Prozent durchschnittlicher jährlicher Rendite kann sich eine Einmalanlage schon nach 10 Jahren fast verdoppeln.

| Jahre | Jährliche Durchschnittsrendite | | | | | | | |
	1	2	3	4	5	6	7	8
	Endvermögen (Euro) bei einer jährlichen Rendite von ... Prozent							
5	52550	55200	57960	60830	63810	66910	70130	73470
10	55230	60950	67200	74010	81440	89540	98360	107950
15	58050	67290	77900	90050	103950	119830	137950	158610
20	61010	74300	90310	109560	132660	160360	193480	233050
30	67390	90570	121360	162170	216100	287170	380610	503130

Lesebeispiel: Aus 50 000 Euro werden nach zehn Jahren bei einer jährlichen Rendite von zwei Prozent 60 950 Euro. Zahlen sind auf Zehnerstellen gerundet. Steuern und Handelskosten sind nicht berücksichtigt. Quelle: eigene Berechnungen.

Den Start nicht länger hinauszögern

Es ist ratsam, sich die Antworten auf diese Frage zu notieren. Das hilft später weiter, wenn Sie Ihre persönliche Anlagestrategie entwickeln. Aber nicht nur das: Sie werden sich bei der Umsetzung Ihrer Pläne auch leichter tun, wenn Sie wissen, was Sie überhaupt zu welchem Zeitpunkt erreichen wollen. Mit konkreten Zielen vor Augen können Menschen nachweislich ihren „inneren Schweinehund" leichter überwinden. Sie sind dann motivierter und gehen planvoller vor. Das gilt vor allem, wenn der Weg ein langer ist und das Ziel vielleicht erst in sieben, zehn oder 15 Jahren erreicht werden soll. Solche Zeitspannen sind denkbar, wenn Sie als Mittfünfziger noch mal mehre-

re Zehntausend Euro für eine größere Anschaffung oder für eine Zusatzrente oder sogar für einen Immobilienkauf zurücklegen wollen.

Am wichtigsten ist aber, endlich zu starten! Je früher Sie anfangen, desto mehr hilft Ihnen der Zinseszinseffekt und desto leichter gelangen Sie ans Ziel. Wenn Sie jetzt als Best Ager damit beginnen, monatlich zu sparen, oder einfach aus einem vorhandenen Vermögen mehr Rendite herausholen wollen, haben Sie aber ein Grundproblem: Sie haben nicht mehr so viel Zeit wie die Jüngeren, Ihr Geld für sich arbeiten zu lassen. Das zeigt ein einfaches Rechenbeispiel: Sie möchten 100 000 Euro zusammenbekommen und erhalten nach Abzug von Steuern Jahr für Jahr drei Prozent Rendite.

Das können Sie sich aus einem Vermögen von 100 000 Euro monatlich auszahlen

Von der durchschnittlichen Rendite und der gewünschten Laufzeit hängt ab, welche Zusatzrente Sie sich selbst jeden Monat gutschreiben können.

Jahre	Jährliche Durchschnittsrendite						
	0	0,5	1	2	3	5	8
	Monatliche Entnahme (Euro) bei einer jährlichen Entnahmeplanrendite von ... Prozent						
5	1 670	1 690	1 710	1 750	1 800	1 880	2 010
10	830	850	880	920	960	1 060	1 200
15	560	580	600	640	690	790	940
20	420	440	460	510	550	650	820
25	330	350	380	420	470	580	750
30	280	300	320	370	420	530	710

Lesebeispiel: Bei einer konstanten durchschnittlichen Jahresrendite von 2 Prozent lassen sich 15 Jahre jeden Monat 640 Euro entnehmen, bis die 100 000 Euro aufgebraucht sind. Entnahme erfolgt nachschüssig, also am Monatsende. Auszahlbeträge sind auf Zehnerstellen gerundet. Steuern und Handelskosten sind nicht berücksichtigt. Quelle: eigene Berechnungen.

Dann reichen 173 Euro im Monat, um nach 30 Jahren bei einem 100 000-Euro-Vermögen zu landen. Bleiben Ihnen als Spätstarter nur zehn Jahre, müssten Sie schon 715 Euro monatlich zurücklegen. Das ist selbst für Gutverdiende nur schwer zu stemmen. Ähnlich wirkt sich der Zinseszinseffekt bei einer Einmalanlage aus.

Geld nicht liegen lassen

Angenommen, Sie haben schon 100 000 Euro auf dem Konto, das Geld ist aber noch nicht angelegt. Unverzinst verliert es nun wegen der gestiegenen Inflation beträcht-lich an Wert. Dazu eine Beispielrechnung: Ihre 100 000 Euro ergeben bei einer Netto-Rendite von drei Prozent nach zehn Jahren rund 134 392 Euro. Würden Sie hingegen den Betrag weitere zwei Jahre ungenutzt liegen lassen und ihn dann für acht Jahre zu den drei Prozent anlegen, hätten Sie am Ende nur 126 677 Euro zusammen. Das sind fast 8 000 weniger. Wer weniger Zeit zum Sparen und Anlegen hat, erhöht außerdem seine Risiken am Kapitalmarkt. Je mehr Zeit man hat, Kurseinbußen am Aktienmarkt durchzustehen, desto geringer ist das Risiko von Verlusten.

Der Baukasten für Ihr Geld

Bequem, einfach, chancenreich: Mit zwei Bausteinen können Sie große und kleine Beträge zurücklegen.

Die Deutschen gelten als Sparweltmeister. Das hört sich wie ein Kompliment an. Doch es gibt eine Schattenseite. Viele von uns horten Geld auf Giro- und Tagesgeldkonten. Noch immer sind laut einer Studie der DZ Bank mehr als zwei Drittel des Geldvermögens der privaten Haushalte Bankeinlagen und Versicherungen – mit fatalen Folgen. Das Geld verliert nicht nur an Wert wegen der hohen Inflation. Es wirft auch kaum Zinsen ab. Tagesgeldkonten brachten im Sommer 2022 im Durchschnitt gerade einmal 0,08 Prozent pro Jahr. Das sind bei einer Anlagesumme von 50 000 Euro schlappe 40 Euro im Jahr – vor Abzug von Steuern, wenn der Freistellungsauftrag (siehe S. 133) für das Wertpapierdepot aufgebraucht ist. Immer mehr Bundesbürger und -bürgerinnen überdenken deshalb ihr Anlageverhalten – und setzen auf Aktien und Fondssparpläne, um mehr Rendite herauszuholen.

Nun ist das Vorurteil, wonach die Börse nur etwas für Zocker sei, hierzulande immer noch weit verbreitet. Doch das beruht auf einem grundlegenden Missverständnis. Geld in Aktien, Aktienfonds oder an der Börse überlegt und breit gestreut zu investieren, ohne dabei die Risiken aus dem Blick zu verlieren, hat nichts mit Spekulieren zu tun oder mit hektischem Kaufen und Verkaufen. Es ist langfristig der nachweislich beste Weg, real, also nach Abzug der Inflationsrate, solide Gewinne zu erwirtschaften.

Die Pantoffel-Strategie

Früher hieß es oft: Der Anteil der Aktien am Vermögen solle sich in etwa an der Faustformel 100 minus Lebensalter orientieren. Das hieße, mit 55 Jahren wäre ein 45-Prozent-Aktienanteil am Geldvermögen vernünftig. Sie müssen diese Regel jedoch nicht befolgen. Im Gegenteil: Wir halten Aktien auch im Rentenalter durchaus noch für sinnvoll. Ihr Aktienanteil kann also auch höher oder niedriger sein, je nachdem, wie es zu Ihrer Lebenssituation passt. Hauptsache: Der Mix aus einem „Sicherheitsbaustein" und einem „Renditebaustein" ist passend für Sie. Wer Geld anlegen oder für eine Zusatzrente sparen will, sollte sich deshalb vorher überlegen, welches Verhältnis den eigenen Zielen und dem Risiko entspricht, das man eingehen will. Dabei können Sie sich an der sogenannten Pantoffel-Strategie von Finanztest orientieren. Der Name ist Programm: Bequem, praktisch und günstig soll das Portfolio sein – eben wie ein Pantoffel. Um diese Geldanlagestrategie umzusetzen, benötigen Sie nur die zuvor genannten zwei Bausteine: den Rendite- und den Sicherheitsbaustein.

Der Renditebaustein besteht aus einem breit gestreuten Welt-Aktienfonds. Viele Anlegerinnen und Anleger halten sich auch aus Furcht vor Verlusten von der Börse fern. Ohne ein Engagement in Aktien ist es aber derzeit praktisch unmöglich, akzeptable Erträge mit dem Geld zu erzielen: Anleihen oder Sparbriefe, Sparbuch oder Festgeld bringen genauso wie Tagesgeld kaum noch Zinsen. Derzeit sieht es zwar so aus, als ob die Zinsen wieder steigen, trotzdem sind sie aber für Spareinlagen auf einem historisch niedrigen Niveau. Laut Bundesbank war wegen der hohen Inflation die Realverzinsung 2022 so negativ wie noch nie. Wer auf schnelle und hohe Kursgewinne hofft und dafür Einzelwerte kauft und verkauft, kann allerdings schnell Schiffbruch erleiden. Die älteren Leserinnen und Leser, die in der Jahrtausendwende am Neuen Markt womöglich viel Geld verloren haben, wissen, dass das oft schiefgeht. Vermeiden Sie diese Risiken, indem Sie langfristig und international breit gestreut investieren. Dafür können Sie nach Ihrem Depot-Check auch den Erlös aus Ihren abgestoßenen „Depotleichen" verwenden.

Die einfachste Art, an eine solche breit gestreute Anlage zu kommen, ist ein Investment in einen kostengünstigen ETF (Exchange Traded Fund), der zum Beispiel den

Für Behutsame und Draufgänger
Die Finanzteststrategie „Pantoffel-Portfolio" besteht aus zwei Bausteinen: einem sicheren und einem risikoreichen Teil. Es gibt drei Varianten.

Defensiv: Portfolio für Vorsichtige

- 25 % Aktienfonds
- 75 % Zinsanlagen

Ausgewogen: Das Fifty-fifty-Portfolio

- 50 % Aktienfonds
- 50 % Zinsanlagen

Offensiv: Portfolio für Risikobereite

- 75 % Aktienfonds
- 25 % Zinsanlagen

Weltindex MSCI World nachbildet. Im MSCI World sind etwa 1 600 Unternehmen aus 23 Industrieländern vertreten. Die Idee dahinter: Wer sein Geld über Hunderte unterschiedliche Firmen streut, senkt sein Risiko. Es ist kaum zu erwarten, dass eine relevante Mehrheit der im MSCI World vertretenen Firmen gleichzeitig in eine Krise gerät. Und Untersuchungen zeigen: In der Vergangenheit generierte ein Investment in den Weltindex MSCI World auf zwanzig bis dreißig Jahre gerechnet jährliche Durchschnittsrenditen von etwa sechs bis acht Prozent, auch wenn die Kurse zwischendurch mal kräftig sanken.

→ Und wie riskant sind Ihre Aktien oder Aktienfonds eigentlich?

Was die Aktienanlagen angeht, rät Finanztest, nicht mehr als 30 Prozent in speziellere Fonds, also etwa Branchen- oder Themenfonds, zu stecken. Davon sollte eine Beimischung nicht mehr als zehn Prozent des gesamten Wertpapierdepots betragen. Mindestens 70 Prozent des gesamten Aktienanteils sollten aber in Weltfonds liegen, um das Risiko besser zu streuen. Finanztest stuft zum Beispiel den Aktienindex MSCI World, der die Kursentwicklung von etwa 1 600 Aktien aus 23 Industrieländern widerspiegelt, auf einer Risikoskala von eins bis zwölf in die Risikoklasse sieben ein. Das ist das normale Aktienrisiko. Länder- und Branchenfonds liegen meist in den Klassen acht bis zehn, einzelne Fonds wie Goldminenfonds aber schon mal in Klasse zwölf. Für Einzelaktien sollten Sie ebenfalls ein höheres Risiko als für den breiten Markt ansetzen. Von den risikolosen oder weniger riskanten Anlagen stehen Tages- und Festgeld in Klasse eins, Rentenfonds in der Währung

Euro meist in Klasse vier. Die Risikoklassen für alle von Finanztest untersuchten mindestens fünf Jahre alten Fonds finden Sie unter test.de/fonds. So können Sie dann das Gesamtrisiko Ihres Depots zumindest ungefähr bestimmen.

Der Sicherheitsbaustein wird abgedeckt durch sichere Zinsanlagen. Hier raten wir derzeit zu Tages- und Festgeld. Vorteil beim Tagesgeldkonto: Sie kommen täglich an Ihr Geld ran, können davon nicht die täglichen Ausgaben bestreiten oder Rechnungen bezahlen, sondern nur Geld vom Girokonto empfangen und wieder dorthin zurückschieben. Nachteil: Die Zinsen sind noch geringer als bei Festgeldkonten, sofern die Bank überhaupt noch welche herausrückt. Trotzdem benötigen alle Pantoffel-Sparer immer einen kleinen Teil im Tagesgeld, damit sie flüssig genug sind, um das Portfolio von Zeit zu Zeit wieder auszubalancieren und zum Beispiel bei gefallenen Kursen an den Aktienmärkten ihren Aktienanteil aufstocken zu können. Vorteil beim Festgeld: Die Geldinstitute zahlen etwas höhere Zinsen, und mit der Länge der Laufzeit erhöht sich auch der Zins. Nachteil: Sparer und Sparerinnen können ihr Geld erst zum Laufzeitende zurückbekommen. Manche Banken verlangen Mindestanlagesummen von zum Beispiel 5 000 Euro. Wer die nicht zusammenkratzen kann, sammelt zuerst Geld auf dem Tagesgeldkonto. Sind dann zum Bei-

Sicher anlegen

Mit Ihren Zinsanlagen sollten Sie kein Risiko eingehen. Was Finanztest empfiehlt, um nicht danebenzugreifen:

☐ **100 000-Euro-Marke.** Es lohnt sich nicht, vielleicht wegen ein paar Zehntel mehr Zinsen bei bestimmten ausländischen Banken sich Sorgen um sein Vermögen machen zu müssen. Sie sollten deshalb zunächst nur Banken in Ihre Auswahl einbeziehen, die sich an die EU-Richtlinie halten. Diese schreibt vor, dass bei einer Bankpleite 100 000 Euro pro Sparer und Bank innerhalb von 20 Arbeitstagen entschädigt werden müssen.

☐ **Einlagensicherung.** Mehr als 100 000 Euro sollten sicherheitsorientierte Sparer nur bei Banken anlegen, die einem der deutschen Einlagensicherungssysteme unterliegen. Diese bieten einen weitaus höheren Schutz als die EU-Einlagensicherung.

☐ **Ausländische Banken.** Finanztest rät von Banken ab, die ihren Sitz zum Beispiel in Spanien, Portugal, Polen, Italien, Griechenland, Rumänien, Bulgarien, Litauen oder der Tschechischen Republik haben, da nicht sicher ist, dass sie wirtschaftlich stark genug sind, im Falle einer Bankenpleite die Kunden zu entschädigen. Diese Banken werden auch von Zinsportalen wie Weltsparen, Zinspilot oder Check24 aufgeführt. Finanztest empfiehlt, nur auf Zinsangebote von Geldhäusern in wirtschaftlich starken Ländern zu setzen. Näheres dazu unter test.de/zinsen.

☐ **Vergleich.** Angebote für Tages- und Festgeld sollten Sie unbedingt vergleichen. Manche Banken zahlten im Sommer 2022 bei vollem Einlagenschutz bereits wieder ein bis zwei Prozent Zinsen für Festgeld mit einer Laufzeit von einem oder zwei Jahren. Nutzen Sie auch die Online-Datenbank von Finanztest: test.de/Zinsen. Wer Banken mit ethisch-ökologischen Kriterien bevorzugt, findet Sparangebote unter test.de/nachhaltige-zinsen.

spiel 5 000 Euro angespart, kann diese Summe als Festgeld angelegt werden. (Mehr zu den Festgeld-Laufzeiten siehe S. 132.)

Je nach Risikotyp und der zur Verfügung stehenden Zeit zum Sparen kann man sich für verschiedene Varianten entscheiden.

Finanztest unterscheidet im Prinzip Pantoffel-Portfolios für drei Anlegertypen:

▶ **Das defensive Pantoffel-Portfolio:** Vorsichtige Anlegerinnen und Anleger setzen zu 25 Prozent auf Aktien-ETF, zu 75 Prozent auf sichere Zinsanlagen.

▶ **Das ausgewogene Pantoffel-Portfolio:** Ausgewogene Menschen entscheiden sich zu 50 Prozent für Aktien-ETF und zu 50 Prozent für den Zinspuffer.

▶ **Das offensive Pantoffel-Portfolio:** Wer mit hoher Risikobereitschaft investieren will, kann zu 75 Prozent in Aktien-ETF, zu 25 Prozent in sichere Zinsanlagen investieren.

Beispiel: Sie haben die ausgewogene Variante der Pantoffel-Strategie gewählt. Knicken die Aktienkurse dann vorübergehend um 20 Prozent ein, verliert der Wert der Geldanlage eben nicht 20 Prozent, sondern nur zehn Prozent. Die Untersuchungen von Finanztest zeigen außerdem: Je länger Sie mit der Pantoffel-Methode anlegen, desto wahrscheinlicher kommen Sie auch nach Kurseinbrüchen an der Börse immer wieder aus der Verlustzone heraus und können sich am Ende über ordentliche Renditen freuen. (Stand 05/2022)

Deshalb sind Sie gut beraten, mit der Pantoffel-Strategie Ihr Risiko zu begrenzen, den Aktienanteil mit einem gesunden Maß an Vorsicht festzulegen und nur dann über kürzere Zeiträume von weniger als zehn bis 15 Jahren in Aktien-ETF zu sparen, wenn Sie das Geld aus Ihrem ETF-Depot nicht am Ende der Einzahlungsphase zu einem fixen Zeitpunkt auf einen Schlag brauchen. Wie auch immer Sie verfahren: Die Pantoffel-Methode bietet Ihnen viele Möglichkeiten, Ihr Geld überlegt und strukturiert zu vermehren und zum Beispiel für den Ruhestand genug Geld für eine Zusatzrente (Pantoffel-Rente) zusammenzukommen.

Wie Ihr Portfolio gemischt ist, hängt also von Ihren Bedürfnissen, Ihrer Risikobereitschaft und Ihren Zielen ab – und davon, wie viel Zeit Sie für Ihre Vorhaben einplanen.

Ein Polster für größere Konsumausgaben

Vielleicht wollen Sie sich ein ausreichend dickes Polster für eine größere Anschaffung oder Konsumausgabe zulegen? Sie wollen sich etwas leisten, etwa ein neues Elektroauto, eine lange Reise mit einem Kreuzfahrtschiff, eine neue Küche, ein Wohnmobil? Oder Sie wissen, dass Sie in ein paar Jahren Geld für eine Sanierung des Eigenheims brauchen, weil zum Beispiel ein neues Dach oder eine neue Heizung fällig ist?

Angenommen, der Zeithorizont läge bei drei bis fünf Jahren. Dann sind Aktien-ETF nicht geeignet. Sie könnten nämlich in einem so kurzen Zeitraum viel Geld verlieren, wenn die Kurse an den Börsen nach unten gleiten. Und auch sogenannte Rentenfonds, die in Staats- oder Unternehmensanleihen investieren, können schlecht laufen, falls die Zinsen am Anleihenmarkt weiter steigen sollten. Bestehende Anleihen können Ihnen dann Kursverluste in Ihrem Rentenfonds bescheren. So bitter das ist: Bei einer so kurzen Zeitdauer bleibt Ihnen kaum etwas anderes übrig, als Ihr Geld auf Tages- und Festgeldkonten anzulegen, auch wenn dabei nach Abzug der Inflation real eine negative Rendite herauskommen sollte.

Wollen Sie nun für eine größere Anschaffung in naher Zukunft Geld zurücklegen, sollten Sie beim Planen zunächst prüfen, wie es um Ihre Konten steht. Zu unterscheiden ist dabei zwischen zwei Geldtöpfen:

Notfallreserve. Egal, ob eine neue Waschmaschine fällig ist oder das Auto repariert werden muss – für solche Notfälle brauchen Sie eine Reserve. Finanztest empfiehlt, dafür zwei bis drei Nettogehälter getrennt vom Girokonto auf einem Tagesgeldkonto zu parken. Falls Sie es nicht auswendig wissen: Schauen Sie zuerst auf Ihre Gehalts- oder Lohnabrechnung, was Sie monatlich netto nach Abzug von Sozialabgaben und Steuern herausbekommen. Das multiplizieren Sie mit zwei oder drei. Dann vergleichen Sie die Summe mit Ihrem Kontostand. Für Selbstständige gilt im Prinzip dasselbe. Sie müssen dafür aber Ihren durchschnittlichen monatlichen Gewinn

ermitteln. Ist Ihre Notreserve noch zu gering, stocken Sie diese als Erstes auf, oder zwacken Sie es von Guthaben auf anderen Konten ab, um die Notreserve in ausreichendem Umfang immer greifbar zu haben.

Topf für Anschaffungen. Hat Ihre Zielanalyse ergeben, dass Sie Geld zu einem Zeitpunkt in naher Zukunft für größere Anschaffungen oder Ausgaben wie eine Hausrenovierung, eine Weltreise oder das geplante neue Elektroauto brauchen, sollte dieses Geld ebenfalls sicher als Tages- und Festgeld angelegt sein. Falls die dafür bereits angelegte Summe zu klein ist, müssen Sie den Anschaffungstopf füllen. Entweder Sie überweisen dann Monat für Monat festgelegte Beträge aus Ihrem Sparbudget, das sich aus dem Kassensturz ergeben hat, auf das Konto für die Anschaffungen. Oder falls genug Kapital etwa auf dem Girokonto schlummert, überweisen Sie Geld auf einen Schlag auf das entsprechende Konto. Ist der Topf ausreichend gefüllt, geht es ans Optimieren. Sie können das Tagesgeld als Festgeld anlegen, um zumindest ein paar Zinsen herauszuholen. Die Laufzeiten wählen Sie dabei natürlich so, dass das Geld dann verfügbar ist, wenn Ihre Anschaffung voraussichtlich fällig ist. Eine detaillierte Anleitung finden Sie dazu ab S. 130.

Bedenken Sie auch, dass Sie Geld sowohl einmalig investieren als auch regelmäßig in Häppchen sparen können. Grundsätzlich gilt dabei: Steigen die Kurse an den Aktienmärkten langfristig stetig weiter, bringt Ihnen einmalig angelegtes Geld zum Beispiel in Aktien-ETF höhere Erträge, verglichen mit dem stetigen Einzahlen in einen Fondssparplan. Das kann ja auch nicht anders sein, Sie haben ja vom Start weg eine größere Summe angelegt – anders als bei Fondssparplänen, bei denen zum Beispiel nur 100 Euro monatlich in die Aktienmärkte fließen. 5000, 10000 oder 50000 Euro auf einen Schlag oder zum Beispiel in fünf größeren Schritten an der Börse anzulegen kommt vor allem für das Kapital infrage, das Sie nicht in naher Zukunft für bestimmte Anschaffungen brauchen, vielleicht später im Rentenalter in 10, 12, 15 Jahren für eine Zusatzrente nutzen wollen oder das Sie laut Ihrer Zielanalyse zum Beispiel ganz sicher vererben wollen. Selbst Ihre Erben sind nicht gezwungen, die Aktien-ETF ausgerechnet dann zu verkaufen, wenn die Kurse an den Börsen gerade kräftig heruntergegangen sind.

Wie viel kann ich sparen?

Vielleicht haben Sie aber bislang noch nicht genug Erspartes zusammen, um größere Beträge auf einen Schlag in Aktien-ETF zu stecken. Dann sind Sie mit Fondssparplänen gut bedient. Diese haben einen psychologischen Vorteil: Sie sind mental weniger anstrengend verglichen mit größeren Investments am Aktienmarkt. Denn wer viel auf einen Schlag investiert, muss bei vorübergehenden heftigen Kurseinbußen wie beim Ausbruch der Corona-Pandemie 2020 hohe Buchverluste verkraften, dabei ruhig bleiben und darf nicht ängstlich alles verkaufen, nur weil das Depot plötzlich um 30 Prozent geschrumpft ist. Bei den Fondssparplänen kann ein weiterer Vorteil hinzukommen: Legen Sie jeden Monat den jeweils gleichen Betrag in Fondsanteilen an, bekommen Sie bei niedrigen Kursen an der Börse mehr Fondsanteile. Sind die Kurse hingegen hoch, erwerben Sie weniger

Wer in Trendthemen investiert und auf hohe Renditen hofft, sollte nicht vergessen, dass es hier um riskante Anlagen geht. Was jetzt angepriesen wird als „die Chance", viel Geld zu verdienen, kann sich später als Spekulationsblase entpuppen. So war es auch beim Niedergang der deutschen Photovoltaik-Industrie vor etwa zehn Jahren: Die Kurse von Solar-Aktien rauschten rasant nach unten, manche Unternehmen gingen pleite. Wer sein Geld mit ETF auf mindestens ein paar Dutzend Unternehmen einer Branche oder eines Geschäftsfeldes verteilt, hat ein geringeres Risiko. Mit Einzelaktien ist hingegen sogar ein Totalverlust möglich.

Fondsanteile. Auf lange Sicht kaufen Sie so Ihre Fondsanteile zu einem niedrigeren Durchschnittskurs als beim Kauf in Hochphasen. Dieser Cost-Average-Effekt (Durchschnittskosteneffekt) hilft Ihnen vor allem dann, wenn die Aktienkurse kurz nach dem Start Ihres Sparplans längere Zeit fallen oder stabil bleiben und zum geplanten Sparende deutlich anziehen. Dieses Prinzip können Sie auch auf Einmalanlagen anwenden. Haben Sie etwa 20 000 Euro zur Verfügung, teilen Sie das Geld zum Beispiel auf fünf Raten auf und investieren alle zwei Monate je 4 000 Euro. Dann sind Sie sicher, dass Sie nicht den einen, ungünstigsten Zeitpunkt erwischt haben. Wann Sie auf Fondssparen in Aktien-ETF setzen können, hängt wieder von Ihren Zielen ab. Ein geeignetes Instrument ist es zum Beispiel, wenn

▶ Sie über zehn Jahre Zeit haben, um für eine Zusatzrente zu sparen, und Sie das Geld auch nicht genau mit 65 brauchen

▶ Sie zum Beispiel für das spätere Studium Ihrer kleinen Enkelkinder Geld zurücklegen wollen

▶ Ihre Notreserve genauso wie der Topf für Anschaffungen ausreichend gefüllt ist und Sie noch monatlich Geld übrig haben, das Sie einfach so noch ohne Ziel oder mit einem Wunschziel vor Augen – von dessen Erfüllung nicht Ihre Existenz abhängt – mit einer möglichst guten Rendite zurücklegen, ohne dass das so Ersparte zu einem bestimmten Zeitpunkt verfügbar sein muss.

Wollen Sie per Fondssparplan Geld zurücklegen, sollten Sie sich nicht zu viel zumuten: Legen Sie den Betrag monatlich zurück, den Sie sich ganz realistisch auch leisten können. Durch Ihren Einnahmen- und Ausgaben-Check wissen Sie zumindest ungefähr, was monatlich fürs Sparen übrig bleibt. Auf jeden Fall sollten Sie per Dauerauftrag das Geld auf das Konto für den Fondssparplan schieben – am besten, nachdem der Lohn oder Honorare üblicherweise auf dem Girokonto eingegangen sind. Die Vorteile: Sie empfinden den Sparvorgang weniger als Verlust. Das Geld ist von Anfang an weg, weil es erst gar nicht zum Ausgeben im Budget zur Verfügung steht. Das hindert Sie auch daran, mehr auszugeben als vorgesehen. Hinzu kommt: Sie müssen sich nicht weiter darum kümmern. Das Geld wird automatisch überwiesen. Sie müssen sich nicht jeden Monat neu aufraffen, die Sparsumme zu überweisen.

→ Drei gute Tipps zum Sparen

1. Benennen Sie Ihr Ziel so konkret wie möglich. Wenn Sie für eine Kreuzfahrt sparen, überlegen Sie sich genau, was für eine Kreuzfahrt Sie unternehmen wollen. Haben Sie ein schönes Bild vor Augen, hilft das, Durststrecken besser durchzustehen.

2. Für zum Beispiel 50 000 Euro oder allgemein „für die Altersvorsorge" zu sparen wirkt wenig motivierend. Bes-

Aufgepasst bei offenen Immobilienfonds

Finanztest rät bei einem Engagement in offene Immobilienfonds auf Folgendes zu achten:

☐ **Beimischung.** Die Fonds eignen sich als Beimischung für ein breit gestreutes Depot, etwa wenn Sie gerne in Sachwerte investieren, aber zu wenig Geld für eine ganze Immobilie haben. Mehr als zehn Prozent Ihres Vermögens sollten Sie nicht hineinstecken.

☐ **Ausgabeaufschlag.** Kaufen Sie bei Ihrer Hausbank, zahlen Sie oft Ausgabeaufschläge von um die fünf Prozent. Das ist bei Renditen zwischen zwei und drei Prozent zu viel.

☐ **Kosten.** Können Sie auf Beratung verzichten, kommen Sie im Internet bei Onlinebanken oder Fondsvermittlern günstiger ans Ziel. Oder Sie geben bei Ihrer Bank eine Börsenorder auf, ohne einen Ausgabeaufschlag zu zahlen. Am Börsenplatz Hamburg werden offene Immobilienfonds rege gehandelt. Setzen Sie ein Kurslimit (siehe S.137).

☐ **Ausstieg.** Wenn Sie jetzt einsteigen wollen, kommen Sie normalerweise frühestens in zwei Jahren an Ihr Geld. Es sei denn, Sie verkaufen Ihre Anteile auch wieder über die Börse, was ohnehin günstiger für Sie ist.

☐ **Vorsicht.** Offene Immobilienfonds sind kein Ersatz für Sparkonten, Tagesgeld oder sichere Zinsanlagen. Auch hier gibt es Kursschwankungen, nur sind diese viel geringer, als es bei Aktien normalerweise der Fall ist.

☐ **Planung.** Investieren Sie in solche Fonds nur Geld, das Sie mindestens fünf Jahre, besser noch deutlich länger entbehren können.

ser, Sie versuchen solche abstrakten Ziele mit Leben zu füllen, attraktiv zu formulieren und sich vorzustellen, was Sie mit dem Geld machen oder was Sie sich im Alter endlich mal gönnen wollen.

3. Stecken Sie den Zeitrahmen möglichst konkret ab, selbst wenn Sie noch nicht ganz genau wissen, wann etwa die neue Küche ins Haus soll. Länger warten können Sie dann immer noch, aber ein vorher festgelegter Zeitpunkt hilft, den eigenen Zielen einfacher treu zu bleiben.

Der Kick fürs Portfolio

Natürlich können Sie Ihr Portfolio auch mit anderen Anlagen ergänzen. Angenommen,

Sie haben keine Immobilie, wollen oder können sich auch keine kaufen, halten es aber für vernünftig, in einem gut strukturierten Wertpapierdepot auch einen Anteil der Assetklasse Immobilien als Sachwert zu haben, kommen für Sie offene Immobilienfonds infrage. Worauf Sie dabei achten müssen, lesen Sie in der nebenstehenden Checkliste. Sie könnten sich damit für kleines Geld an Immobilienfonds beteiligen, die das Geld ihrer Anleger zum Beispiel in Einzelhandelszentren, Hotels, Bürogebäude oder Wohnanlagen investieren. In der Pandemie gingen die Renditen von offenen Immobilienfonds zwar ein klein wenig zurück. Langfristig sind aber Renditen von zwei bis drei Prozent pro Jahr möglich. Überdurchschnittlich gut waren zuletzt die Renditen und Ausschüttungen von Fonds, die sich auf Investments in den Wohnungsmarkt konzentrieren. Doch ob das so weitergeht, wissen wir nicht.

Natürlich haben Sie auch andere Möglichkeiten, Ihr Portfolio zu ergänzen. Manche Menschen brauchen zum Beispiel den Kick, zumindest ein bisschen mit einzelnen Aktien zu spekulieren. Finanztest ist hier skeptisch. Oft geht das schief, und die Rendite von solchen Depots ist niedriger als die von breit aufgestellten ETF-Depots.

Wenn Sie diese Warnung nicht davon abhält und Ihnen die Wahl von Einzeltiteln Spaß macht, dann sollten Sie jedoch unbedingt Ihr Risiko begrenzen und nur Geld verwenden, das für Sie „Spielgeld" ist – das heißt, Sie können schlimmstenfalls hohe Verluste verschmerzen. Sie können Ihre ETF-Basisanlage im breiten globalen Aktienmarkt auch mit anderen eher spekulativen Elementen ergänzen, sofern mindestens 70 Prozent Ihres Geldes in Aktien-ETF auf marktbreiten Indizes stecken. Sie können dabei auch eigenen Ideen umsetzen. Möglich ist dies mit ETF auf Schwellenländer, aber auch Branchen-, Themen- oder Strategie-ETF. Was glauben Sie, welche Technologien und Trends die Wirtschaft in Zukunft maßgeblich mitbestimmen? Je nachdem, wo hier Ihre Präferenzen liegen, wovon Sie idealerweise selbst Ahnung haben, können Sie investieren. Das können ETF auf Gesundheits- und Biotech-Indizes oder Technologie-Indizes sein. Oder börsennotierte Indexfonds, die auf Unternehmen setzen, die zukünftig in einer nachhaltigeren Weltwirtschaft eine bedeutende Rolle spielen werden. So gibt es schon ETF, deren Schwerpunkt auf der Kreislaufwirtschaft liegt oder die auf den effizienten Umgang mit Wasser, auf Elektromobilität oder nachhaltige Ernährung setzen. Je spezieller die Anlageidee, desto kleiner sollte der Anteil sein. Alle Beimischungen zusammen sollten nicht mehr als 20 bis 30 Prozent des Aktienanteils ausmachen.

▶ Detaillierte Informationen zu Themen-ETF sowie zu vielen Branchenfonds bietet unsere Fondsdatenbank unter test.de/fonds (mit Flatrate kostenlos).

Mit der eigenen Immobilie rechnen

Weiter mieten? Weiter vermieten? Doch noch eine Immobilie kaufen und lieber in eine kleinere Wohnung ziehen? Ob Mieter oder Eigentümer – warum die Wohnfrage so wichtig ist.

Falls Sie Eigentümerin oder Eigentümer einer vermieteten Immobilie sind, darf bei Ihrer finanziellen Planung der Zukunft eine Frage nicht fehlen: Bin ich mit dieser Investition zufrieden? Vorsicht, das ist keine rein monetäre Frage.

Sicher, es geht zuerst ums Geld, um die Überlegung, ob das finanzielle Gesamtkonzept für diese Kapitalanlage noch stimmig ist, ob die Mieterträge den ursprünglichen Vorstellungen beim Kauf entsprechen. Dabei ist ehrliches Rechnen angesagt und nicht Schönrechnen. Grundsätzlich rentiert sich selbst die schnuckeligste Wohnung nur dann, wenn der Kaufpreis einschließlich sämtlicher Nebenkosten plus Ausgaben für eine Renovierung in einem vernünftigen Verhältnis zur erzielten Miete steht. Das können Sie selbst relativ leicht ermitteln, indem Sie die Nettokaltmiete pro Jahr durch sämtliche Investitionskosten teilen. Wenn Sie zuvor von der Nettokaltmiete noch die Verwaltungs- und Instandhaltungskosten abziehen, die Sie nicht auf die Mieter umlegen können, kommen Sie auf die Nettomiete-Rendite. Wenn Sie hier bei drei Prozent oder darüber liegen, sind Sie auf jeden Fall im grünen Bereich. Aber vielleicht sind Sie auch mit weniger zufrieden, weil Sie daran denken, dass Sie für Ihr Geld selbst auf überdurchschnittlich verzinsten Tages- und Festgeldkonten nur noch, wenn überhaupt, mickrige Zinsen bekommen. Gut möglich, dass Sie auch erst gar nicht in die Verlegenheit kommen wollen, ein paar Hunderttausend Euro aus einem erzielten Verkauf anzulegen. Wenn Ihnen allein die Vorstellung schon schlaflose Nächte bereitet, sind Sie gut beraten, die Immobilie zu behalten. Das gilt erst recht, wenn aufgrund des Standorts das Mietausfallrisiko gering ist und Sie sich keine Sorgen machen müssen, ob Sie die irgendwann fälligen Renovierungsarbeiten oder Modernisierungskosten tragen können.

Bei vermieteten Immobilien geht's nicht nur ums Geld

Das wären schon einmal ein paar gute Argumente fürs Festhalten an der vermieteten Immobilie. Sie sollten bei Ihren Überlegungen aber auch nicht pekuniäre Aspekte miteinbeziehen. Vielleicht haben Sie mit dem Vermieten schon ordentlich Geld verdient, konnten am Anfang Verluste aus Vermietung und Verpachtung geltend machen und so Steuern sparen. Sie gelangen nun in die Phase, in der die Mieterträge für Zins und Tilgung reichen.

66 Vermieten macht Arbeit – und bereitet manchmal auch Ärger und Sorgen.

Und trotzdem haben Sie das Gefühl, mental einen Klotz am Bein zu haben. Vermieten macht Arbeit – und bereitet manchmal auch Ärger und Sorgen. Da gilt es, einmal in sich hineinzuhören. Haben Sie genug von häufigen Mieterwechseln? Plagt Sie die Angst vor Mietnomaden? Sind Sie genervt von den ständigen kleinen und manchmal großen Reparaturen? Oder machen Sie sich Sorgen, dass Sie irgendwann Schwierigkeiten haben werden, solvente und geeignete Mieter und Mieterinnen zu finden, weil der Standort Ihrer Immobilie an Attraktivität verlieren könnte?

Dann spricht einiges für den Verkauf des Objekts – unter einer Voraussetzung: Ihr Kauf der Immobilie liegt schon mehr als zehn Jahre zurück. Denn nur dann können Sie den Gewinn aus dem Verkauf, den Sie hoffentlich haben werden, steuerfrei einstreichen.

Zwei zusätzliche Argumente für einen Verkauf sind deshalb noch zu bedenken, zumindest, wenn man in die Zukunft blickt. Erstens: Die Immobilienpreise sind in den vergangenen zehn Jahren immer höher gestiegen. Wenn Sie in naher Zukunft verkaufen, müssten Sie normalerweise einen sehr guten Preis erzielen – und bedenken Sie: Es kann ja auch dazu kommen, dass die Preise wieder sinken. Die Stimmen, die vor einer Immobilienblase und vor einem Preisabsturz warnen, sind zuletzt jedenfalls lauter geworden. Zweitens: Mehr und mehr Politiker und Ökonomen fordern, die Zehnjahresfrist beim Verkauf von nicht selbst genutzten Immobilien abzuschaffen. Im Moment sieht es nicht so aus, dass die mit der Frist verbundene Steuerfreiheit in den nächsten Jahren gekippt wird. Aber was nicht ist, kann ja noch werden: Und dann kann es sein, dass von Ihrem schönen Gewinn beim Verkauf das Finanzamt Zehntausende, wenn nicht Hunderttausende Euro einsackt.

Die selbst genutzte Immobilie

Falls Sie Eigentümer einer selbst genutzten Immobilie sind, braucht es natürlich ganz andere Überlegungen: Was soll aus der Immobilie werden, in der Sie jetzt wohnen? Behalten, vermieten, später vererben?

Beschleicht Sie gelegentlich das ungute Gefühl, dass das Haus ohne die Kinder zu groß werden könnte? Oder fängt Sie der Garten an zu nerven, weil beim Rasenmähen, Heckenschneiden oder Unkrautjäten immer der Rücken schmerzt und Ihnen alles zu viel wird? Oder wird es als Landbewohner zu mühsam, jedes Mal mit dem Auto eine Stunde bis zum nächsten Facharzt fahren zu müssen? Dann stellt sich vielleicht auch die Frage: Wäre es nicht schön, (wieder) in der Stadt in einer kleineren Wohnung zu wohnen, wenn der Ruhestand beginnt?

Zugegeben, solche Überlegungen mögen für Sie noch ziemlich weit weg sein. Sie sollten sich aber eines dabei bewusst machen: Jetzt können Sie noch etwas dafür tun, damit die zweite Lebenshälfte in etwa so wird, wie Sie sich diese wünschen. In 10 oder 15 Jahren ist es dafür schon reichlich spät. Schlimmstenfalls entscheiden irgendwann nicht mehr Sie selbst darüber, wo Sie wie leben, sondern andere. Falls Sie in kleinere vier Wände ziehen wollen, sind damit mehrere Grundsatzentscheidungen verbunden.

Warum eine Immobilie kaufen?

Sie denken, für den Kauf einer Immobilie ist es mit Anfang 50 zu spät? Oder Sie befürchten, Sie bekommen keinen Kredit mehr? Das ist nicht unbedingt das Problem, sofern Sie über ausreichend Ersparnisse, also Eigenkapital, verfügen und ein gutes Gehalt mit der Perspektive auf einen weiterhin sicheren Job. Allerdings ist das auch eine Frage des gewünschten Wohnorts: Gerade in Groß- und Universitätsstädten sind Eigentumswohnungen und erst recht Häuser so

teuer geworden, dass Mieten inzwischen oft sinnvoller geworden ist als teuer und mit 50 plus x relativ spät zu kaufen. (Siehe dazu auch „In die eigene Immobilie umziehen", S. 76.)

Aber bevor Sie die finanziellen Modalitäten durchrechnen, ist es wichtig, die Vor- und Nachteile einer solchen Entscheidung grundsätzlich zu bedenken. Die eigene, selbst genutzte Immobilie ist eine Konsumausgabe auf höchstem Niveau, eine Investition in Lebensqualität und nicht an erster Stelle eine Kapitalanlage. Was damit gemeint ist?

66 Es ist wichtig, die Vor- und Nachteile einer solchen Entscheidung grundsätzlich zu bedenken.

———

Nun, Sie entscheiden sich vor allem für ein Stück Sicherheit. Sie können sicher sein, nicht von der Vermieterin aus den eigenen vier Wänden vertrieben zu werden, weil sie plötzlich Eigenbedarf anmeldet. Sie müssen idealerweise als Ruheständler keine Miete mehr zahlen und verringern dadurch Ihre monatlichen Fixkosten im Alter. Sie haben Planungssicherheit, weil Sie sich nicht um steigende Mietzahlungen sorgen müssen. Sie schaffen vielleicht auch einen Rückzugsort für die Familie, ein Zuhause, wo Kinder und Enkel immer gerne mal vorbeischauen.

Wenn Sie das Gefühl haben, all das fehlt mir, wenn ich zur Miete wohne, ein eigenes Zuhause passt wirklich die nächsten 20, 30 Jahre zu mir (und meiner Partnerin oder meinem Partner), dann wird es tatsächlich mit Anfang 50 höchste Zeit, sich mit dem Kauf einer selbst genutzten Immobilie zu befassen. Nur, dann sollte Ihnen auch bewusst sein, dass Sie mit der eigenen Immobilie „immobiler" werden – sogar was Ihre Karriere angeht. Die eigenen vier Wände können zum Bremsklotz werden, wenn Sie vielleicht mit Anfang oder Mitte 50 zum letzten Mal die Chance bekommen, woanders einen Karrieresprung zu machen, sich noch einmal weiterzuentwickeln, neue Erfahrungen im Leben zu sammeln. Abgesehen davon gibt es nicht umsonst den Spruch: „Wo die Liebe hinfällt." Dann müssen Sie entscheiden, was mit der Immobilie passiert, wenn Sie sich zum Beispiel als Berliner oder Berlinerin in eine Münchnerin oder einen Münchner verlieben.

Wenn das Eigenheim zum Streitfall wird

Zu guter Letzt ist auch das Ende zu bedenken: Immobilien waren und sind schon immer der Auslöser für erhebliche Konflikte und bitterböse Streitereien. Das gilt für den Erbfall: Je mehr Kinder, je mehr Patchwork-Konstellationen, je größer die Erbenge-meinschaft, desto größer die Gefahr, dass sich die Erbenden in die Haare kriegen und das steinerne Objekt der Austragungsort für Konflikte wird. Das gilt erst recht bei einer Scheidung. Die Immobilie als Stein gewordenes Denkmal eines gescheiterten Lebensentwurfs wird dann oft zum Schlachtfeld für enttäuschte Gefühle. Und das kann für beide Seiten sehr teuer werden, vor allem, wenn die Immobilie erst vor ein paar Jahren erworben wurde und ein Verkauf unterm Strich einen Verlust bringt, weil sich die hohen Kaufnebenkosten (Grunderwerbsteuer, Makler) damit nicht ausgleichen lassen und/oder die Bank auf einer Vorfälligkeitsentschädigung besteht. Sie sollten sich also schon mit Ihrem Partner oder Ihrer Partnerin einig sein, damit – wie dies in nicht wenigen Beziehungen schon der Fall war – die Entscheidung für die eigene Immobilie nicht der Anfang vom Ende einer Liebesgeschichte wird. Auch hier gilt somit: Lieber vorher alles bedenken und gut planen, als vorschnell etwas entscheiden, was man später bereuen wird.

▶ Frühzeitige Regelungen helfen, Erbstreitigkeiten zu vermeiden und Steuern zu sparen. Ratgeber wie „Das Nachlass-Set" oder „Immobilien verschenken und vererben"zeigen passende Vorbereitungen und Lösungen. Erhältlich unter test.de/shop.

Träume wahr werden lassen

Was hätten Sie gern? Genug Geld für lange, teure Reisen? Ein Wohnmobil? Doch noch eine eigene Immobilie? Zum Sparen ist es nie zu spät. So kommen Sie ans Ziel.

Mal angenommen, es geht Ihnen so gut, dass Sie sich um Ihre Altersvorsorge keine Gedanken machen müssen. Die finanzielle Basis ist gesichert, Ihr Vermögens-Check hat ergeben, dass Sie später gut über die Runden kommen. Was aber bislang fehlen wird: genug Kapital, um Träume zu verwirklichen, die mehr kosten als der Italien-Urlaub. Vielleicht ein neues Wohnmobil, lange Reisen, ein E-Auto? Oder doch eigene vier Wände?

Ihre Notreserve auf dem Tagesgeldkonto mit zwei, drei Nettogehältern wollen Sie dafür nicht angreifen. Die sind für mögliche unerwartete Ausgaben gedacht. Und die Summe, die Sie dort gebunkert haben, wäre schnell verbraucht oder nicht ausreichend. Also geht es darum, einen ausreichenden Geldvorrat anzulegen, der mindestens den Ausgaben entsprechen sollte, die Sie für Ihre Vorhaben veranschlagen. Vergessen Sie nicht, dass vieles in 5, 10 oder 15 Jahren teurer sein dürfte als jetzt. Aber jetzt noch mit dem Sparen anfangen? Na klar! Es nie zu spät. Wir zeigen, welche individuellen Möglichkeiten für Sie infrage kommen könnten.

Zwei Wege führen zum Ziel

Auf Nummer sicher gehen oder doch ein klein wenig mehr wagen? Sparerinnen und Sparer entscheiden, wie viel Risiko sie eingehen wollen, um ihren Konsumtopf zu befüllen.

Das Ziel: ein voller Topf, um zeitnah große Träume wahr werden zu lassen. Das bedeutet aber auch: Wenn Sie den Topf befüllen, zum Beispiel mit monatlichen Sparbeiträgen, dürfen Sie kein allzu großes Risiko eingehen. Nur, es gibt kaum noch sichere Sparprodukte, die ordentlich Zinsen abwerfen. Was tun? Im Prinzip haben Sie zwei Möglichkeiten:

Variante eins: Sie wollen möglichst kein Risiko eingehen, scheuen den Weg an den Aktienmarkt – auch über den Kauf von ETF. Die Pantoffel-Strategie (siehe S. 52) kommt für Sie nicht infrage. Dann bleibt Ihnen kaum etwas anderes übrig, als auf Tages- und Festgeld zu setzen und zu hoffen, dass die Zinsen wie schon 2022 in den nächsten Jahren weiter steigen.

Variante zwei: Sie sind flexibel, sind also nicht auf exakte Zeitpunkte festgelegt, wann Sie sich welchen Wunsch erfüllen wollen. Dann ist die Pantoffel-Strategie von Finanztest für Sie besser geeignet.

Der sichere Weg

Beginnen wir mit Variante eins. Die Zeiten für Sparerinnen und Sparer werden langsam wieder besser, die Angebote waren im Frühsommer 2022 aber immer noch wenig lukrativ. In der letzten Stichprobe von Finanztest (Stand: 1/2022), hatten noch 20 von 143 untersuchten Banken und Sparkassen angegeben, ihre Spar-Angebote ganz eingestellt zu haben. Nun, mit den Zinserhöhungen der Notenbanken, kommen wieder mehr Sparangebote auf den Markt. Und auch die Ära der Negativzinsen scheint sich langsam dem Ende zuzuneigen. Mehr und mehr Banken und Sparkassen haben bereits angekündigt, dass sie auf die sogenannten Verwahrentgelte verzichten werden, wenn sie selbst für Einlagen, die sie bei der Europäischen Zentralbank (EZB) parken, keine Zinsen mehr zahlen müssen. Trotzdem ist das Niveau für Sparzinsen vergleichsweise noch relativ niedrig. Und wer die guten Angebote nicht nutzt und wie leider immer noch viele Anleger und Anlegerinnen höhere Guthaben oder monatliche Ersparnisse unverzinst auf dem Girokonto liegen lässt, muss lange warten, um bestimmte Sparziele zu erreichen.

Beispiel: Angenommen, Sie bekommen gar keine Zinsen, wollen sich aber 50 000 Euro zusammensparen. Dann müssten Sie Monat für Monat 350 Euro zurücklegen, um nach 12 Jahren auf die gewünschten 50 000 Euro zu kommen.

Das Beispiel zeigt: Es kommt darauf an, aus dem wenigen mehr zu machen und die Zinsanlage in vier Schritten zu optimieren.

Schritt eins: Sie legen zunächst monatlich Geld auf ein Tagesgeldkonto zurück. Der Anbieter sollte keine Negativzinsen verlangen und zumindest minimale Zinsen zahlen, selbst wenn es nur 0,05 oder 0,1 Prozent sind. Für solche mickrigen Zinsen lohnt es sich nicht, ein Risiko einzugehen. Sie wählen deshalb eine Bank, bei der mindestens 100 000 Euro Guthaben im Pleitefall der Bank geschützt sind, wie es die europäische Einlagensicherung vorsieht. Doch Vorsicht: Fallen Sie dabei nicht auf dubiose Internetportale herein, die Ihnen besonders attraktive Zinsen versprechen (siehe dazu test.de/warnliste). Stattdessen orientieren Sie sich an der Bestenliste von Finanztest unter test.de/zinsen.

Schritt zwei: Wenn Sie auf dem Tagesgeldkonto für Ihren Konsumtopf 5 000 Euro angespart haben, legen Sie weiter Geld auf dem Tagesgeldkonto zurück. Die ersten 5 000 Euro stecken Sie jedoch in eine Festgeldanlage. Häufig verlangen die Institute für Festgeld eine Mindestsumme in genau dieser Höhe. Die Zinsen für Festgeld sind etwas besser. Je länger die Laufzeit, desto höher in der Regel die Zinsen. In einer Zeit, in der steigende Zinsen erwartet werden, sollten Sie Ihr Geld nicht länger als ein Jahr oder maximal zwei Jahre festlegen. Meist bieten

Schau genau!

Wer sein Geld nachhaltig anlegen möchte, darf im Blick auf die Rendite von grünen Banken nicht mehr Zinsen erwarten als von der konventionellen Konkurrenz. Zumindest kann man aber davon ausgehen, dass mit dem investierten Geld zum Beispiel keine Waffengeschäfte oder Atomkraftwerke finanziert werden. Oder dass es in Unternehmen wandert, die Kinderarbeit dulden und in Nahrungsmitteln spekulieren. Wer wenigstens mit einem guten Gewissen investieren will, kann sich über die Angebote von nachhaltigen Banken wie der Umweltbank, GLS Bank oder Triodos Bank hier informieren: test.de/nachhaltige-zinsen.

ausländische Banken – genauso wie beim Tagesgeld – etwas bessere Zinsen als einheimische Banken. Achten Sie aber auch hier bei der Auswahl auf seriöse Anbieter und auf die Kreditwürdigkeit des Landes, in dem die Bank ihren Sitz hat.

Schritt drei: Nach einiger Zeit haben Sie die zweiten, dritten und vierten 5 000-Euro-Chargen zusammengespart. Sie fangen aber schon bei der zweiten und dritten Festgeldanlage an, die Laufzeiten zu staffeln, also zum Beispiel einen Teil für sechs Monate,

Das bringt eine Sparplanrendite von 1 Prozent

Endvermögen bei Sparraten von … Euro und einer Sparplanrendite von 1 Prozent

Jahre	50	100	150	200	250	300	400	500
5	3 080	6 150	9 230	12 310	15 390	18 460	24 620	30 770
10	6 310	12 620	18 930	25 250	31 560	37 870	50 490	63 110
15	9 710	19 420	29 130	38 840	48 550	58 260	77 680	97 100
20	13 280	26 570	39 850	53 130	66 410	79 700	106 260	132 830
30	20 980	41 970	62 950	83 940	104 920	125 900	167 870	209 840

Zahlen sind auf Zehnerstellen gerundet. Steuern und Handelskosten sind nicht berücksichtigt. Quelle: eigene Berechnungen.

Das bringt eine Sparplanrendite von 2 Prozent

Endvermögen bei Sparraten von … Euro und einer Sparplanrendite von 2 Prozent

Jahre	50	100	150	200	250	300	400	500
5	3 160	6 310	9 470	12 620	15 780	18 940	25 250	31 560
10	6 640	13 280	19 920	26 560	33 200	39 840	53 130	66 410
15	10 490	20 980	31 460	41 950	52 440	62 930	83 900	104 880
20	14 740	29 470	44 210	58 940	73 680	88 420	117 890	147 360
30	24 600	49 210	73 810	98 410	123 020	147 620	196 830	246 040

Zahlen sind auf Zehnerstellen gerundet. Steuern und Handelskosten sind nicht berücksichtigt. Quelle: eigene Berechnungen.

einen Teil für ein Jahr und einen weiteren Teil für zwei Jahre vertraglich fest anzulegen. Wenn Sie zum Beispiel immer ein zweijähriges Festgeld anlegen, dann ergibt sich die Staffelung automatisch. Der Vorteil: Wenn die Europäische Zentralbank den Leitzins anhebt und die Banken die Guthabenzinsen für ihre Kunden ebenfalls erhö-hen, sind Sie flexibler. Das Festgeld steht am Ende der Laufzeit frei zu Ihrer Verfügung. Sie können die 5 000-Euro-Charge dann, wenn die Zinsen tatsächlich steigen, zu besseren Konditionen wiederanlegen. Doch Vorsicht: Wenn Sie das Festgeld nicht kündigen, wird es bei vielen Instituten automatisch zu den dann geltenden Konditionen

Das bringt eine Sparplanrendite von 3 Prozent

Endvermögen bei Sparraten von … Euro und einer Sparplanrendite von 3 Prozent

Jahre	50	100	150	200	250	300	400	500
5	3 240	6 470	9 710	12 950	16 190	19 420	25 900	32 370
10	6 990	13 980	20 970	27 960	34 950	41 940	55 920	69 900
15	11 340	22 680	34 020	45 360	56 700	68 040	90 720	113 400
20	16 380	32 770	49 150	65 530	81 920	98 300	131 060	163 830
30	29 010	58 010	87 020	116 030	145 040	174 040	232 060	290 070

Zahlen sind auf Zehnerstellen gerundet. Steuern und Handelskosten sind nicht berücksichtigt. Quelle: eigene Berechnungen.

Das bringt eine Sparplanrendite von 4 Prozent

Endvermögen bei Sparraten von … Euro und einer Sparplanrendite von 4 Prozent

Jahre	50	100	150	200	250	300	400	500
5	3 320	6 640	9 960	13 280	16 600	19 920	26 560	33 200
10	7 360	14 720	22 080	29 440	36 790	44 150	58 870	73 590
15	12 270	24 550	36 820	49 090	61 360	73 640	98 180	122 730
20	18 250	36 500	54 750	73 010	91 260	109 510	146 010	182 520
30	34 380	68 750	103 130	137 500	171 880	206 250	275 010	343 760

Zahlen sind auf Zehnerstellen gerundet. Steuern und Handelskosten sind nicht berücksichtigt. Quelle: eigene Berechnungen.

um dieselbe Laufzeit verlängert. Und das kann dann ein deutlich schlechteres Angebot als vorher sein.

Schritt vier: Ihre Festgeldanlagen optimieren Sie selbstverständlich so, dass Sie Ihren Zeithorizont nicht aus dem Blickfeld verlieren. Die Laufzeiten Ihres Festgelds sollten so vereinbart sein, dass Sie am Ende nach 5, 10 oder 15 Jahren auch an Ihr Geld kommen, wenn Sie es ausgeben wollen.

Aber machen wir uns nichts vor: Bleibt das Zinsniveau so niedrig wie Anfang 2022, werden Sie mit dieser sogenannten Leiter-Methode die 50 000 Euro allenfalls ein paar Wochen früher erreichen, verglichen mit einer völlig zinslosen Anlage.

Deutlich besser sieht es aus, wenn die Zinsen wieder anziehen, und das ist ja in den nächsten Jahren durchaus möglich. Dann profitieren Sie viel stärker vom Zinseszinseffekt: So wären die 50 000 Euro schon nach etwas mehr als zehn und nicht nach 12 Jahren erreicht, wenn die monatliche Einzahlung wie vorher 350 Euro beträgt, aber die gesamte Anlage jährlich mit zum Beispiel drei Prozent verzinst wird.

Der etwas riskantere Weg

Mehrere Zehntausend Euro in fünf, zehn oder 15 Jahren zusammenzubekommen, das ist für risikoscheue Anleger und Anlegerinnen in Zeiten von niedrigen Zinsen eigentlich nur möglich, wenn sie monatlich mehrere Hundert Euro zurücklegen können. Leichter geht dies für diejenigen, die bereit sind, ein Risiko einzugehen, sich den Launen der Börse teilweise auszusetzen und die Pantoffel-Strategie von Finanztest zu nutzen. Dabei gilt: Geht es Ihnen nicht darum, die eigene Existenz abzusichern, sondern „nur" darum, sich einen Konsumtopf für spezielle Wünsche aufzubauen, dann ist es durchaus in Ordnung, mehr Risiko einzugehen.

Sparen nach der Pantoffel-Methode, bei der ein Teil der Sparraten in Aktien-ETF geht, kommt für Sie unter zwei Bedingungen infrage:

▸ Sie können damit leben und ruhig schlafen, wenn die Kurse an der Börse und damit auch Ihre ETF vorüberge-

hend fallen. Selbst dann verkaufen Sie nicht panisch Ihre ETF-Anteile.

▸ Sie sind so flexibel, dass Sie sich Ihren Traum auch ein, zwei oder drei Jahre später erfüllen können. Sie sind zeitlich nicht festgelegt, dass zum Beispiel in genau zehn Jahren die Antarktis-Kreuzfahrt stattfinden muss. Kommt es ausgerechnet dann, wenn Sie Ihren Konsumtopf leeren wollen, zu einem Kursrutsch an den Kapitalmärkten, können Sie warten, bis die Kurse sich so erholt haben, dass sich ein Verkauf Ihrer ETF-Anteile wieder lohnt. Gut möglich, dass das aber auch gar kein Problem für Sie ist, wenn genug Geld im Sicherheitsbaustein (Tages- oder Festgeld) Ihres Pantoffel-Portfolios angespart ist.

Wer eine stattliche Summe von mehreren Zehntausend Euro bis zu einem Betrag von zum Beispiel 100 000 Euro in 10 oder 15 Jahren auch mit Investitionen an der Börse erreichen will, kann das durchaus machen. Der Zeithorizont ist lange genug. Natürlich kann es passieren, dass genau zum Wunschdatum eine sogenannte Baisse an der Börse die gute Rendite mindert. Doch in den meisten Fällen müssen Sie nach 15 Jahren nicht mit Verlusten rechnen. Bei zum Beispiel zehn Jahren sieht das etwas anders aus. Da kann mit einem ETF-Sparplan auf den Weltindex MSCI World auch mal ein Minus am Ende herauskommen. Je länger man Zeit hat, desto sicherer wird es. Bislang kamen Sparer nach 20 oder 30 Jahren selbst nach einem Kurscrash stets aus der Verlustzone heraus. Deshalb ist es gut, wenn Sie Ihrem ETF-Depot dann eine „Nachspielzeit" gönnen können.

Hier mehr wagen, dort weniger sparen

Sie können als vorsichtiger Mensch Ihr Risiko begrenzen und auf ein defensives Pantoffel-Portfolio setzen: 25 Prozent wandern dann in einen Welt-Aktien-ETF, 75 Prozent sind für Ihren Sicherheitsbaustein. Das hat einen großen Vorteil: Um Ihr Ziel zu erreichen, müssen Sie weniger Geld im Monat zurücklegen, wenn die Börse mitspielt.

Beispiel eins: Sie wollen in zehn Jahren 50 000 Euro gespart haben. 75 Prozent Ihres Sparbeitrags wandern aufs Tagesgeldkonto, das unverzinst ist. 25 Prozent gehen in den Welt-Aktien-ETF. Angenommen, dieser erzielt eine Rendite nach Steuern von konservativ gerechnet fünf Prozent jährlich – in der Vergangenheit waren es in fast allen Zehn-Jahres-Zeiträumen mehr. Dann müssen Sie 288 Euro monatlich aufs Tagesgeld zurücklegen, das ergibt nach zehn Jahren rund 34 560 Euro. Weitere 100 Euro gehen in den Aktien-ETF. Bei einer Netto-Rendite von fünf Prozent kämen hier am Ende rund 15 500 Euro heraus. Mit insgesamt 388 Euro pro Monat hätten Sie also die 50 000 Euro in etwa zehn Jahren zusammen. Ohne den Rendite-Kick des Aktien-ETF müssten Sie dafür schon 417 Euro pro Monat aufwenden.

Beispiel zwei: Sie wollen in 15 Jahren 100 000 Euro gespart haben. 20 000 Euro besitzen Sie schon. 10 000 Euro legen Sie direkt in einen Welt-Aktien-ETF an, Sie haben ja genug Zeit, mögliche Kursverluste an der Börse auszusitzen. Die restlichen 10 000 Euro fließen als Sicherheitsbaustein in Festgeld. Dieses Geld legen Sie siebenmal hintereinander in Festgeld mit einer Laufzeit von zwei Jahren und am Ende die daraus gewachsene Summe noch einmal für ein Jahr an. Nach 15 Jahren sind aus diesen 10 000 Euro bei einer durchschnittlichen Verzinsung des Festgelds in Höhe von zum Beispiel nur 1,0 Prozent inklusive Zinseszinseffekt 11 610 Euro geworden. Aus den 10 000 Euro im Aktien-ETF sind bei einer Rendite von zum Beispiel vier Prozent rund 18 000 Euro geworden. Das restliche Geld bis zu den 100 000 Euro müssen Sie sich Schritt für Schritt ersparen. 75 Prozent Ihrer Sparrate wandern in den Sicherheitsbaustein. Gehen zum Beispiel 300 Euro monatlich auf das nicht verzinste Tagesgeldkonto, macht das nach 15 Jahren 54 000 Euro. Weitere 100 Euro wandern in den Aktien-ETF des Pantoffel-Portfolios. Hier kämen am Ende bei einer Rendite von vier Prozent rund 24 550 Euro heraus. Macht zusammen nach 15 Jahren mehr als 108 000 Euro. Ohne den anfänglichen Einmal-Zuschuss von 20 000 Euro hätte die Sparrate schon circa 500 statt 400 Euro pro Monat betragen müssen, um mit dem defensiven Pantoffel-Portfolio über die 100 000 Euro zu kommen.

Das bringt eine Pantoffel-Einmalanlage

Pantoffel-Portfolio	Durchschnittliche Rendite (% p.a.)								Schlechteste Jahresrendite (%)[1]	Längste Verlustdauer (Monate)[1]
	1990-1999	2000-2009	2010-2019	30 Jahre	20 Jahre	10 Jahre	5 Jahre	1 Jahr		
Defensiv	3,7	-0,3	3,5	2,8	2,3	3,5	3,4	1,3	-9,3	75
Ausgewogen	6,9	-1,7	6,5	5,0	4,6	6,6	6,3	2,7	-19,5	148
Offensiv	10,3	-2,6	9,7	7,1	6,4	9,7	9,4	4,0	-31,1	152
Aktien-ETF	13,0	-3,8	12,2	8,7	8,0	12,3	12,0	5,3	-39,4	161

Annahme: Tagesgeld bringt null Prozent Zinsen. 1) Bezieht sich auf 30 Jahre.
Quelle: Eigene Simulationen. Stand: 31. Juli 2022.

Diese Beispielrechnung ist allerdings stark vereinfacht. Nicht berücksichtigt ist dabei, dass ein Crash an der Börse auf einen Sparplan mit Aktien-ETF wie ein Rendite-Turbo wirken kann. Woran das liegt? In Krisenzeiten erhalten Sie für Ihre Sparrate mehr ETF-Anteile als sonst. Geht es dann mit den Aktienkursen langfristig wieder nach oben, profitieren Sie davon, weil Sie ja mehr ETF-Anteile ansammeln konnten. Das zeigen die Resultate für die Finanztest-Portfolios. Voraussetzung: Sie behalten die Nerven und verkaufen Ihre ETF-Anteile nicht panisch, wenn die Kurse heruntergegangen sind und Sie womöglich sogar dunkelrote Zahlen auf Ihrem Depotauszug sehen. Hin-

zu kommt: Auch die regelmäßige Pflege Ihres Pantoffel-Portfolios zahlt sich aus. Mindestens einmal im Jahr, besser zwei, drei Mal im Jahr, wenn Sie in den Nachrichten hören, dass es an den Aktienmärkten gerade turbulent zugeht, sollten Sie Ihr Pantoffel-Depot unter die Lupe nehmen und prüfen, ob noch alles im Lot ist. Stimmt die am Anfang gewählte Aufteilung noch? Weicht die Gewichtung der Anteile um mehr als zehn Prozentpunkte von der ursprünglich gewünschten Aufteilung ab, sollten Sie nachjustieren. Das gilt bei einem defensiven Depot dann, wenn der Anteil des Aktien-ETF unter 15 Prozent gesunken oder auf über 35 Prozent gestiegen ist. Der Vorteil:

Das bringt ein Pantoffel-Sparplan

Pantoffel-Portfolio	Durchschnittliche Sparplanrendite (% p.a.)								Schlechteste Jahresrendite (%)[1]
	1990–1999	2000–2009	2010–2019	30 Jahre	20 Jahre	10 Jahre	5 Jahre	1 Jahr	
Defensiv	6,7	-0,4	3,3	3,0	3,4	3,7	3,5	0,2	-10,7
Ausgewogen	11,5	-0,3	6,4	5,0	5,7	6,4	6,7	0,4	-21,3
Offensiv	15,6	-1,0	9,6	6,6	7,8	9,4	9,7	0,7	-29,2
Aktien-ETF	19,5	-1,5	11,9	8,0	9,8	11,7	12,5	0,9	-39,2

Annahme: Tagesgeld bringt null Prozent Zinsen. 1) Bezieht sich auf 30 Jahre.
Quelle: Eigene Simulationen. Stand: 31. Juli 2022.

Läuft es an der Börse schlecht, kaufen Sie zu günstigen Kursen Aktien-ETF-Anteile nach. Das Geld dafür nehmen Sie von Ihrem Tagesgeldkonto, der zu groß gewordene Sicherheitsbaustein bekommt dadurch wieder sein ursprüngliches Gewicht. Läuft es an den Aktienmärkten hingegen besonders gut, verkaufen Sie Aktien-ETF zugunsten der Zinsanlagen. Vorteil: Die Kursgewinne haben Sie damit sichergestellt. Halten Sie sich an diese Strategie, wirkt das für Ihr Geld wie ein Rendite-Turbo.

Natürlich können Sie beide Varianten nach Belieben variieren. Je mehr Sie im Monat zurücklegen, je mehr Zinsen Sie veranschlagen und je höher der ETF-Aktienanteil, desto schneller sollten Sie an Ihr Ziel kommen. Ob es nun 50 000 Euro, 100 000 Euro oder irgendeine andere fünfstellige Summe sein soll, das Ziel lässt sich auch mit einem gesunden Maß an Vorsicht erreichen.

Wer unterschiedliche Kombinationen einmal durchrechnen will, braucht nicht zum Taschenrechner greifen. Wir haben unter test.de/100k verschiedene Beispiele gerechnet.

▶ Wie kommt man zu 100 000 Euro? Mehr Infos finden Sie im Ratgeber „Das 100 000-Euro-Buch. Der individuelle Weg zum Vermögen". Erhältlich unter test.de/shop.

In die eigene Immobilie umziehen

Wie wäre es mit einer Eigentumswohnung? Auch Mitte fünfzig können Sie sich diesen Traum noch erfüllen – unter bestimmten Voraussetzungen. Unser Muster-Ehepaar Müller zeigt es.

Die Preise für Wohneigentum haben sich in den vergangenen zehn Jahren kräftig erhöht, vor allem in den Groß- und Universitätsstädten. Dort sind die Preise für Familien, die nicht durch ein Erbe über ausreichend Eigenkapital verfügen, oft unerschwinglich. Trotzdem gibt es noch viele Standorte in Deutschland, wo Immobilien vergleichsweise günstig zu bekommen sind.

Egal, wo Sie am liebsten zuschlagen möchten und wie viel Geld Sie für einen Kauf schon auf der hohen Kante haben, bei der Suche nach der Eigentumswohnung oder einem Haus sollten Sie das Preisniveau genauer unter die Lupe nehmen. Prüfen Sie, ob ein Kauf auch ökonomisch eine sinnvolle Investition ist. Finanztest rät dabei, auf die Jahresmiete zu schauen, die für eine vergleichbare Immobilie verlangt wird. Beträgt der Kaufpreis mehr als das 30-Fache der Jahresmiete, müssen Sie viele Jahre deutlich mehr ausgeben als mit einem Mietvertrag. Auch mehr als das 25-Fache der Jahresmiete ist noch relativ teuer. Aber keine Sorge, das müssen Sie nicht selbst errechnen. Wir helfen Ihnen dabei mit unserem Preisrechner. In diesem sind die Kaufpreise und Mieten in allen 401 Städten und Landkreisen der Bundesrepublik aufgeführt. Unter test.de/Immobilienpreise können Sie dazu die Preise und Mieten für Eigentumswohnungen sowie Ein- und Zweifamilienhäuser abrufen – für einfache bis sehr gute Lagen und Ausstattungen.

Bei einer Untersuchung von Finanztest im Sommer 2021 gab es immerhin 125 Kreise und Städte, in denen Eigentumswohnungen noch für weniger als das 25-Fache der Jahresmiete zu haben waren. Bei immerhin 96 deutschen Städten und Kreisen betrugen die Kaufpreise in der Spitze jedoch das 30-Fache und mehr der Jahresmiete. Hier empfiehlt Finanztest den Kauf nur, wenn genügend Eigenkapital vorhanden ist, um sich kostspieligere Immobilien leisten zu können und sich nicht maßlos zu verschulden. Beim Kauf einer Immobilie sollten Sie mindestens 10 bis 20 Prozent des Kaufpreises plus sämtliche Kaufnebenkosten (Grunderwerbsteuer, Maklercourtage, Notarkosten, Grundbuchamt) aus eigenen Mitteln zahlen können. Wie hoch die Kaufnebenkosten ausfallen, hängt nicht zuletzt von der Höhe der Grunderwerbsteuer ab, die je nach Bundesland zwischen 3,5 und 6,5 Prozent des Kaufpreises betragen kann. Bei den Kaufnebenkosten können deshalb schnell mehrere Zehntausend Euro zusammenkommen. Mit dem kostenlosen Finanztest-Rechner „Kaufen oder Mieten?" kann man ermitteln, ob sich eine eigene Immobilie lohnt: test.de/rechner-mietenkaufen.

Ein Blick in die Zukunft

Bei der Entscheidung für oder gegen die eigene Immobilie sollten nicht nur die Finanzen und die eigene Lebenssituation eine Rolle spielen, sondern auch die Frage, wie sich die Mieten und der Wiederverkaufswert entwickeln könnten. Die Zukunft voraussagen kann niemand. Man kann sich aber an den Prognosen über den Zu- und Wegzug in der ausgewählten Region orientieren. Steigt die Nachfrage nach Wohnraum, ist auch ein Preisanstieg wahrscheinlicher. Doch selbst wenn die Nachfrage mittelfristig nachlässt: Solange der Wert der Immobilie nicht deutlich sinkt, sind die Käufer von heute in der Regel die Gewinner von morgen. Denn mit der Tilgung des Hypothekenkredits wächst das Vermögen im Laufe der Jahre. Solange für die Kreditraten und die Bewirtschaftung nicht sehr viel mehr ausgegeben wird als für die Miete, ist es nur eine Frage der Zeit, bis sich das Kaufen lohnt.

Nun überlegen Sie sich vielleicht: Ist das nicht unrealistisch, sich mit 50 Jahren noch eine Immobilie zuzulegen? Das folgende Beispiel zeigt: Die Rechnung kann sehr gut aufgehen.

Die Müllers zieht es in die Stadt

Susanne und Andreas Müller sind beide 55 Jahre alt und wohnen in einem Landkreis nahe einer größeren Stadt, in der beide auch arbeiten. Sie gehören zu den Menschen mit gutem Einkommen. Andreas ist leitender Angestellter und verdient rund 3 500 Euro netto im Monat. Susanne arbeitet mit reduzierter Stundenzahl als Bürokauffrau und verdient 1 500 Euro netto. In ihrem kleinen Heimatörtchen haben sie in den vergangenen 20 Jahren mit ihren beiden Kindern Benedikt und Luisa in einem Haus gewohnt, das sie gemietet haben.

Für die Müllers war das die perfekte Umgebung: Für ihre Kinder war der Garten groß genug, die Wege waren kurz. So konnte Luisa schon früh allein zum Hockey-Training radeln und Benedikt mit seinen Freunden im Dorf abhängen. Vor sechs Monaten ist nach Luisa auch Benedikt zum Studium weggezogen. Nun sitzen die Eltern allein in dem großen Haus in der Provinz. Sie zahlen damit auch Miete für Räume, die sie eigentlich kaum oder gar nicht mehr nutzen.

Beim Gespräch über ihre Wohnsituation wird beiden schnell klar, dass sie ähnliche Vorstellungen für die nächsten Jahre haben. Sie wollen in die benachbarte Stadt ziehen, in der sie auch arbeiten. Sie ist nur 28 Kilometer entfernt, allerdings mit öffentlichen Verkehrsmitteln schlecht zu erreichen. Ohne ihre eigenen zwei Pkw ist die Fahrt zur Arbeit unmöglich.

In der Stadt gibt es Theater, Konzerte, Ausstellungen, kultige Restaurants und eine hippe Wein-Bar – alles, worauf sie in den vergangenen Jahren oft verzichten mussten. Sie haben sich im Internet nach einer neuen Bleibe in der Stadt umgeschaut und eine hübsche Wohnung in zentraler Lage gefunden. Nach einem Besichtigungstermin sind sie begeistert. Die Wohnung liegt im ersten Stock, ist 80 Quadratmeter groß und ließe sich mit kleinen Veränderungen sogar barrierefrei umbauen, sollte es nötig werden. Die Wohnung wollen sie zum Kaufpreis von 260 000 Euro erwerben. In der Stadt ihrer Wahl sind die Kaufpreise im Vergleich zu den Mieten noch recht günstig. Sie rechnen alles mithilfe des Finanztest-Rechners durch und entscheiden, dass sie sich die Wohnung nach Wegfall der jetzigen Miete leisten können.

Die Müllers hatten, wie viele in ihrem Alter, schon in den 1990er-Jahren angefangen, eine Lebensversicherung zu besparen. Vier Prozent Zinsen gab es damals auf den Sparanteil. Diese Police wurde nun Anfang des Jahres ausgezahlt: 100 000 Euro, die aufgrund des Vertragsabschlusses steuerfrei blieben. Auch Beiträge für die gesetzliche Kranken- und Pflegeversicherung fallen hier nicht an. Weitere 60 000 Euro haben

sie geerbt. Aus diesen Töpfen nehmen sie 136 000 Euro, also 40 Prozent der Kaufsumme, als Eigenkapital, weitere 32 500 Euro sind für die Nebenkosten eingeplant. Sie lenken ihre bisherige Miete und etwas obendrauf in die Tilgung und hätten den Kredit bis zum Rentenbeginn in zwölf Jahren abbezahlt (siehe Grafik, S. 79). Eine clevere Lösung, auf die Susanne gekommen ist. Sie kennt sich als Bürokauffrau mit der Baufinanzierung recht gut aus.

Sicher finanzieren mit dem Volltilgerdarlehen

Zunächst hat Susanne sich eine Frage gestellt, die viele Menschen umtreibt: Werden die Zinsen wieder deutlich steigen? Dabei wurde ihr klar: Wenn wir unsere Wohnung abbezahlen wollen, möchten wir auf keinen Fall bangen, ob der Folgekredit noch genauso niedrig ausfällt wie das erste Darlehen. Damit war für die Müllers von Anfang an klar, dass sie erst gar nicht in die Verlegenheit kommen wollten, sich noch wenige Jahre vor dem Ruhestand um eine Anschlussfinanzierung kümmern zu müssen. Deshalb entscheiden sie sich sicherheitshalber für ein sogenanntes Volltilgerdarlehen.

❝❝ Banken und Sparkassen gewähren für Volltilger meist bessere Konditionen.

Abbezahlt bis zur Rente

Das Ehepaar Müller plant den Kauf einer Stadtwohnung mit 80 Quadratmetern in guter Lage. Es will die Wohnung in zwölf Jahren bis zum Renteneintritt finanziert haben. Bei einem Zinssatz von 3,0 Prozent ergibt sich folgende monatliche Belastung:

Kaufpreis	260 000
Nebenkosten Grunderwerbsteuer, Makler, Notar- und Grundbuchkosten	+ 32 500
Gesamtkosten	+ 292 500
Eigenkapital Nebenkosten plus 40 Prozent des Kaufpreises	− 136 500
Kreditsumme	= 156 000
Monatsrate[1] Zinssatz 3,0 Prozent	1 291
Bewirtschaftungskosten 4,5 Euro/m² und Monat	+ 360
Gesamtbelastung pro Monat	= 1 651

Alle Angaben in Euro. 1) Monatsrate bei vollständiger Tilgung in zwölf Jahren.

Bei diesem Darlehen steht die Höhe der Zinsen fest, bis der letzte Euro gezahlt ist. Die Raten bleiben bis zum Ende des Kredits gleich hoch – teure Überraschungen sind für die Müllers so ausgeschlossen.

Darlehen mit längerer Laufzeit sind zwar in der Regel teurer als solche mit kurzen Laufzeiten. Banken und Sparkassen gewähren für Volltilger aber meist bessere Konditionen als für normale Darlehen mit gleicher Zinsbindung. Volltilgerdarlehen sind allerdings weniger flexibel. Sondertilgungen sind bei solchen Modellen zumindest in den ersten zehn Jahren der Laufzeit nicht immer erlaubt. Auch die Tilgungsrate zu ändern ist selten möglich. Das nimmt das Paar aber in Kauf, weil ihm die Planungssicherheit wichtig ist.

Bevor sie einen Kreditvertrag unterschreiben, vergleichen sie die Angebote genau: Susanne weiß, dass weniger gute Angebote bei gleicher Laufzeit viel teurer kommen können als die günstigsten Offerten und je nach Kaufpreis und Laufzeit der Unterschied Zehntausende Euro ausmachen kann. Am Ende beläuft sich der Zinssatz in unserer Modellrechnung für die Müllers auf 3,0 Prozent – das ist etwas mehr, als ein Hypothekenkredit mit einer Laufzeit von zehn Jahren gekostet hätte. Aber mit solch einer Laufzeit hätten die Müllers mit 65 Jahren noch einmal einen Anschlusskredit benötigt. Und wer weiß, vielleicht wären dann wieder viel höhere Zinsen von zum Beispiel fünf Prozent fällig, wie das noch vor etwa 15 Jahren war. So ein Risiko wollte das Ehepaar auf keinen Fall eingehen.

Restschuldversicherung für alle Fälle

Der Immobilienkauf hat für die Müllers nicht nur finanzielle Vorteile. Als Eigentümer müssen sie sich auch keine Sorgen machen, dass sie ein Vermieter durch eine Eigenbedarfskündigung aus der Wohnung drängt. Auch vor unvorhergesehenen Mietsteigerungen nach Sanierungen sind sie sicher, genauso wie vor hohen Mieterhöhungen, die Mieter mit Indexmietverträgen, bei denen die Miete an die Inflationsrate gekoppelt ist, zuletzt häufiger bekamen.

Die Wohnung können sie später einmal ihren Kindern vererben. Außerdem könnte auch einer von ihnen die Wohnung allein halten, sollte der andere sterben. Damit das auch in jedem Fall funktioniert, wollen sie das Einkommen von Andreas als Hauptverdiener absichern. Daher schließen sie für die mit der Zeit abnehmende Kreditsumme eine Restschuldversicherung ab, die bei einem günstigen Anbieter ungefähr 25 Euro im Monat kostet. In diesem Fall ist eine solche Versicherung sinnvoll. Bei der Auswahl informiert Finanztest unter test.de/Restschuldversicherung.

Gerade für Susanne ist eine sichere Finanzierung wichtig. Anders als ihr Mann hat sie neben ihrer möglichen eigenen gesetzlichen Rente von rund 1 000 Euro keine Zusatzversorgung. Andreas ist da besser aufgestellt. Durch seinen jahrelangen guten Verdienst bekäme er mit 67 rund 1900 Euro Rente und zusätzlich eine Betriebsrente von 800 Euro. Davon würde nach seinem Tod auch Susanne profitieren. Ihre Witwenrente würde 55 Prozent der Rente ihres Mannes betragen. Die Rentenversicherung rechnet jedoch die eigene Rente und eventuelle andere eigene Einkünfte über einem Witwen-Freibetrag von 902 Euro anteilig an. Weil Susanne nur eine gesetzliche Rente von brutto 1000 Euro hat und diese Rente nach Abzug von pauschal 14 Prozent nur 860 Euro ausmacht, wird sie nicht auf ihre Witwenrente angerechnet.

In einem Beratungsgespräch berechnet die Rentenversicherung, dass Susanne eine Witwenrente von rund 1045 Euro erhalten würde (siehe test.de/witwenrente). Von der Betriebsrente ihres Mannes erhielte sie rund 440 Euro. Da sie kein Geld mehr für die Miete aufbringen müsste, wäre Sabine also selbst beim frühen Tod ihres Mannes ganz komfortabel versorgt.

Für den Ruhestand haben Andreas und Sabine Pläne. Sie arbeiten gerne in ihren Berufen und wollen auch nicht früher als vorgesehen aufhören. Aber wenn es so weit ist, wollen sie sich etwas leisten können. Nun sind von ihrer Lebensversicherung nach dem Kauf der Wohnung noch 23 500 Euro übrig. Daraus stricken sie sich nach den Vorgaben von Finanztest ein Pantoffel-Portfolio je zur Hälfte mit Aktienfonds und mit Zinsanlagen. Beim Sicherheitsbaustein legen sie das Geld in Tages- und Festgeld mit gestaffelten Laufzeiten bei Banken mit sehr guter Einlagensicherung an, bei denen es noch Zinsen gibt (siehe S. 55). So bleiben sie flexibel und können bei einem Zinsanstieg immer wieder Geld neu anlegen, zu dann besseren Konditionen. Über einen Zeitraum von 15 Jahren hätten sie mit dieser Mischung in der Vergangenheit noch nie Verlust gemacht. Nach den Berechnungen von Finanztest hätten sie so gute Chancen, nach 15 Jahren ihr Kapital mehr als verdoppelt zu haben.

Fazit

Sabine und Andreas Müller können eine Wohnung kaufen, sie bis zur Rente abbezahlen und gut abgesichert in die Zukunft blicken. Und für die Kinder bleibt mal ein schönes, steuerfreies Erbe übrig. Weil das Paar nun in ein und derselben Stadt arbeitet und lebt, kann es eines der beiden Autos abschaffen und verstärkt mit dem Fahrrad oder dem Bus fahren. Das spart zusätzlich Geld und schont die Umwelt.

▶ Das Set „Immobilienfinanzierung" hilft beim Kauf der eigenen vier Wände, von der Vorbereitung über den Finanzierungsplan bis zum Kreditabschluss. Mit Formularen zum Herunterladen oder Heraustrennen, Beispielrechnungen, Checklisten. Erhältlich unter test.de/shop.

Sicher mehr im Geldbeutel

Gerade die Älteren begnügen sich oft mit Mini-Zinsen, oder sie haben keine finanzielle Strategie für den Ruhestand. Wie das besser geht, zeigen wir an zwei Beispiel-Ehepaaren.

Wer im Alter ein Zusatzeinkommen benötigt, um die eigene Rente aufzubessern und ein finanziell sorgenfreies Leben führen zu können, muss mehr aus seinem Geld machen. Es einfach auf dem Girokonto schlummern zu lassen hilft nicht.

Auch wild an der Börse zu spekulieren – etwa mit Einzelaktien, Aktienanleihen oder anderen Derivaten – ist keine gute Strategie. Das geht selbst für Privatanleger, die sich in Geldangelegenheiten für versiert halten, meist schief. Was also tun?

Lesen Sie auf den nächsten Seiten, wie zwei Ehepaare vorgehen. Beide haben noch genug Zeit zum Investieren, ihre Voraussetzungen sind aber unterschiedlich. Paar eins möchte vorzeitig in Rente gehen, ein kleines Vermögen ansparen und später einen Entnahmeplan nutzen. Paar zwei optimiert seine Geldanlagen mit dem Ziel, ein Vermögen von mehr als 100 000 Euro zu erreichen und sich später daraus eine Zusatzrente zahlen zu lassen. Die gesetzliche und die Betriebsrente werden nicht reichen. Darum möchten sie ein Zusatzvermögen aufbauen.

Den frühen Abschied sicher finanzieren

Einen vorzeitigen Ausstieg aus dem Arbeitsleben muss man sich leisten können. Wie das funktioniert und womit sich für eine Zusatzrente bequem sparen lässt, zeigt das Ehepaar Meier.

Vielleicht liegt es Ihnen auch fern, sich fürs Alter eine Immobilie zu kaufen oder bis 67 zu arbeiten. Sie wollen lieber schon mit Anfang 60 beginnen, weniger zu arbeiten, und sich vorzeitig mit 63 aus dem Berufsleben verabschieden – und einfach das Leben genießen. Klar, das muss man sich leisten können. Aber wer so einen schrittweisen Ausstieg aus dem Arbeitsleben frühzeitig plant, hat gute Chancen, das auch zu schaffen.

Wie das gehen kann, zeigen Anna und Bernd Meier. Sie sind 58 Jahre alt, leben und arbeiten in einer ostdeutschen Universitätsstadt. Sie wohnen in einem abbezahlten Haus und wollen dort auch bleiben. Anna ist Ingenieurin, und Bernd arbeitet in der Verwaltung. Zusammen haben sie ein Nettoeinkommen von etwa 5 000 Euro.

Klar ist beiden: Sie wollen nicht, dass ihr Leben bis 67 von der Arbeit bestimmt wird. Vielmehr möchten sie in den nächsten Jahren schrittweise ihre Work-Life-Balance verbessern, um sich stärker ihren Hobbys zu widmen. Sie spielen beide gern Tennis, lieben es zu reisen und planen, die Angebote der Uni mit Programmen wie „Studium ab 60" zu nutzen. Darauf haben sich die Meiers gut vorbereitet. Geld wird das kinderlose Paar für diese zweite Lebenshälfte voraussichtlich genug zur Verfügung haben.

Notreserve fürs eigene Haus

Ihr Haus haben Anna und Bernd schon mit Ende 20 gekauft: ein Einfamilienhaus in der alten Universitätsstadt. Damals war das noch für Gutverdiener wie die Meiers erschwinglich. Seit das Haus abbezahlt ist, fühlen sie sich finanziell sicherer.

Außerdem haben sie 50 000 Euro geerbt und das Geld sicher in Tages- und Festgeld angelegt. Das soll die Reserve sein, falls eine neue Heizung oder ein neues Dach fällig wird oder kostspielige Renovierungsarbeiten auf sie zukommen sollten.

Mit 43, als sie weniger für Zins und Tilgung ihres Hauses aufwenden mussten, haben sie angefangen, Geld in Aktienfonds und sichere Zinsanlagen zu stecken. Daraus ist inzwischen ein Pantoffel-Portfolio mit Aktien-ETF und Tages-/Festgeld geworden (siehe „Der Baukasten für Ihr Geld", S. 52).

Das Paar hat sich dabei für die ausgewogene Variante entschieden. Nach einem Check ihrer Einnahmen und Ausgaben legen sie 50 Prozent ihres „Spargelds" von inzwischen insgesamt monatlich 400 Euro in einen Welt-Aktien-ETF und 50 Prozent auf ein Tagesgeldkonto, bei dem es vor Jahren noch ordentlich Zinsen gab. Jetzt wirft ihnen dieser Sicherheitsbaustein keine Zinsen mehr ab. Pro Monat sind das also für beide Bausteine jeweils 200 Euro. Als die beiden mit dem Sparen loslegten, wussten sie noch nicht so genau, wofür das Geld einmal sein soll. Inzwischen sind sie fest entschlossen, nach dem Eintritt in die Frührente ihr Portfolio mit 63 zu „plündern" und sich daraus eine Zusatzrente zu zahlen.

Mit 400 Euro im Monat weit kommen

Damals beim Start mit 43 dachten sich Anna und Bernd: Wir haben Zeit genug, um unser Geld zumindest teilweise an der Börse anzulegen. Das Paar peilt nun allerdings mit einem Betrag von 100 000 Euro plus x eine stattliche Summe an. Diese lässt sich auch ohne Startkapital mit überschaubaren Sparraten erreichen, sofern man – wie die Meiers – bereit ist, ein höheres Risiko einzugehen.

Die Berechnungen von Finanztest zeigen, dass die Meiers bislang viel richtig gemacht haben und auf einem guten Weg sind, ihr Ziel zu erreichen. So haben Sparer und Sparerinnen zumindest im vergangenen halben Jahrhundert die Marke von 100 000 Euro stets durchbrochen, wenn sie 20 Jahre lang insgesamt rund 340 Euro monatlich in ein ausgewogenes Pantoffel-Portfolio mit einem Welt-Aktienanteil von 50 Prozent und einem Sicherheitsbaustein mit einem Anteil von 50 Prozent gelegt, also jeweils 170 Euro auf ein Tagesgeldkonto und in einen Welt-Aktien-ETF geschoben haben. Das ergibt sich, wenn man alle historischen 20-Jahres-Zeiträume vom 31. Dezember 1969 bis 31. Dezember 2020 in einem Monatsrhythmus überprüft. Insgesamt sind das in diesen 50 Jahren Börsengeschichte 373 mögliche 20-Jahres-Zeiträume. Der erste Stichtag beginnt somit genau am 31.12.1969, der zweite einen Monat später und immer so weiter einen Monat nach hinten versetzt. Unterstellt ist bei diesem Härtetest, dass der Sicherheitsbaustein, also das Tagesgeldkonto, mit null Prozent verzinst wird und die andere Hälfte des 50-50-Depots die jeweilige Kursentwicklung des MSCI World in diesen Zeiträumen widerspiegelt.

Mit dem Kursrutsch rechnen

In der Hälfte aller untersuchten Zeiträume hätten fürs Erreichen der 100 000-Euro-Marke schon 281 Euro pro Monat genügt, weil sich in diesen 20-Jahres-Zeiträumen die weltweiten Aktienkurse besonders gut entwickelten. Zum Vergleich: Bei der offensiveren Pantoffel-Variante, 75 Prozent gehen in den Welt-Aktien-ETF, 25 Prozent aufs sichere Konto, wären in der Hälfte aller Fälle die

100 000 Euro bereits mit einer Sparrate von 232 Euro erreicht worden. Das Risiko bei dieser Variante ist aber deutlich höher. So wären hier schon rund 400 Euro (und nicht 340 wie bei der ausgewogenen Variante) nötig, um die 100 000 Euro in allen 20-Jahres-Zeiträumen zu überspringen.

Gewiss, über 20 Jahre stellen sich die guten Börsenrenditen nicht mehr so verlässlich ein wie bei einem Sparzeitraum von zum Beispiel 30 Jahren. Wer zum falschen Zeitpunkt mit einer Einmalanlage einstieg, schlimmstenfalls zum Beispiel ab März 2000 nach dem Beginn der New-Economy-Krise, als sich viele Internetbuden am Neuen Markt der Deutschen Börse als wertlose Luftnummern entpuppten, konnte Ende 2019 lediglich auf eine mittlere Rendite von knapp vier Prozent pro Jahr zurückblicken – das ist gerade einmal ungefähr halb so viel wie der historische Durchschnitt von acht Prozent. Aber die Meiers haben ja Monat für Monat Geld angelegt und damit gute Chancen, ihr Ziel mit 63 zu erreichen. Würde sich ihr Pantoffel-Portfolio insgesamt im Durchschnitt mit drei Prozent pro Jahr verzinsen, hätten Sie inklusive Zinseszins nach 20 Jahren und insgesamt 240 Einzahlungen von jeweils 400 Euro schon mehr als 130 000 Euro zusammen.

Die Aufteilung nachjustieren

Anna und Bernd jedenfalls sind mit ihrem ausgewogenen Pantoffel-Portfolio zufrieden. Bislang haben sie sich von vorübergehenden starken Kursverlusten weder verleiten lassen, Anteile an ihrem Aktien-ETF abzustoßen. Noch haben sie starke Kursgewinne bewogen, mit Einzelaktien zu spekulieren oder auf riskantere Themen-ETF zu setzen. Im Gegenteil, obwohl sie Jahr für Jahr mit ihrem ausgewogenen Pantoffel-Portfolio näher an die 100 000-Euro-Marke rücken und ihr Ziel vielleicht sogar deutlich früher erreichen als geplant, bleiben sie vorsichtig.

Das Ehepaar handelt nach dem alten Anlegerspruch: „An der Börse auf das Beste hoffen, aber mit dem Schlimmsten rechnen." Immer dann, wenn ihre Aktienquote nach einem Jahr auf mehr als 50 Prozent gestiegen ist, verkaufen sie schrittweise Anteile an ihrem Aktien-ETF, um wieder die ursprüngliche 50-50-Aufteilung zu erreichen. So wollen sie auch weiter verfahren bis zu ihrem geplanten Eintritt in die Frührente mit 63. Voraussetzung: Es kommt nicht zu einem Kurssturz an den Aktienmärkten, dann würden sie mit dem Verkauf von ETF-Anteilen einfach abwarten, bis sich die Kurse wieder erholen.

Mit 63 in Rente – das kann viel Geld kosten

Wie aber sieht es nun mit dem gesamten Alterseinkommen des Beispielpaars Anna und Bernd aus?

Was ihre Renten angeht, sind Anna und Bernd entspannt, obwohl der geplante vorzeitige Eintritt in die Rente für sie teuer

Freiwillige Beiträge in die Rentenkasse

Sofern Sie freiwillige Beiträge in die gesetzliche Rentenversicherung, beispielsweise als Selbstständiger, als Beamtin oder etwa als Hausmann, leisten wollen, geht dies so:

☐ **Gut planen.** Einen kostenlosen Rechner finden Sie unter test.de/freiwilliger-rentenbeitrag. Dieser zeigt, um wie viel die Rente durch Ihre Beiträge steigt. Nutzen Sie auch das kostenlose Beratungsangebot der Rentenversicherung, online zu erreichen unter deutsche-rentenversicherung.de sowie telefonisch unter 0 800/10 00 48 00. Freiwillige Rentenbeiträge können Sie nur überweisen, wenn Sie vorher einen Antrag gestellt haben (Formular V0060).

☐ **Höhe festlegen.** Wie viel Sie einzahlen, hängt von Ihnen ab. 2022 müssen es monatlich mindestens 83,70 Euro sein, maximal sind 1 311,30 Euro erlaubt. Geben Sie im Antrag an, wie viel Sie überweisen wollen. Der Regelbeitrag für versicherungspflichtige Selbstständige beträgt monatlich 611,94 Euro.

☐ **Einfach zahlen.** Hat der Rentenversicherungsträger von Ihnen ein Sepa-Lastschriftmandat erhalten, zieht die Behörde den Beitrag ein. Sie können aber auch selbst überweisen. Natürlich ist es auch möglich, die Höhe des Beitrags später wieder zu ändern oder die Zahlung auszusetzen.

☐ **Steuern sparen.** Wer freiwillige Beiträge in die Rentenkasse einzahlt, kann diese Zahlungen steuerlich als Vorsorgeaufwendungen geltend machen. Um diesen Spielraum optimal nutzen zu können, empfiehlt es sich meist, dass Beitragszahler sich vorab Rat bei einem Steuerprofi holen, besonders dann, wenn sie hohe Beiträge zahlen wollen und noch andere Vorsorgeverträge haben. Selbstständige gehen dann am besten zum Steuerberater. Beamte, Angestellte oder Frührentner können sich auch an einen Lohnsteuerhilfeverein wenden. Das ist in der Regel günstiger.

kommen wird, wie eine Berechnung von Finanztest zeigt (test.de/rentemit63; Stand 7/2022). Beide sind Jahrgang 1964. Würde das Ehepaar bis zu seinem regulären Renteneintritt mit 67 arbeiten, erhielte Anna eine Rente von 1681 Euro und Bernd von 1790 Euro. Zwar verdient Anna heute mehr als Bernd, sie hat aber insgesamt weniger eingezahlt als ihr Mann, wegen ihres langen Studiums und weil sie, als sie ihre Mutter eine Weile pflegte, weniger Ansprüche erwerben konnte.

Beide hätten mit 63 Jahren mindestens 35 Jahre Versicherungszeit in der gesetzlichen Rentenversicherung. Deshalb könnten sie „Rente für langjährig Versicherte" beziehen. Diese wird jedoch nur gekürzt ausgezahlt. Für die Meiers würden sich die Abschläge von 0,3 Prozent pro Monat sogar auf 14,4 Prozent summieren. Außerdem zahlen sie dann vier Jahre nichts mehr in die gesetzliche Rentenversicherung ein: In dieser Zeit sammeln sie also keine Ansprüche mehr, die ihre Renten weiter erhöhen würden.

Für Bernd würde das bedeuten: Er käme mit 67 Jahren auf 43 Arbeitsjahre und 1790 Euro Rente. Mit 63, also nach 39 Arbeitsjahren, würde seine Rente 1624 Euro betragen. Außerdem wird diese wegen des früheren Eintritts um 14,4 Prozent gekürzt. 1390 Euro abzüglich Steuern und Sozialabgaben bleiben übrig. Das sind 400 Euro weniger, als wenn er mit 67 in Rente ginge. So ein Schritt will gut überlegt sein.

Noch früher aufhören mit der Altersteilzeit

Einerseits besteht diese Rentenkürzung ein Leben lang, sie fällt nicht weg, auch nicht dann, wenn Bernd sein reguläres Rentenalter erreicht. Andererseits bezieht er dann aber auch vier Jahre länger Rente. Wählt Bernd die spätere, aber höhere Rente, hätte er erst im Alter von 80 Jahren insgesamt mehr Rente bekommen. Da ziehe ich lieber die Rente vor, sagt sich Bernd.

Die Abschläge bei der Rente können ihn und seine Frau nicht umstimmen. Sie bleiben bei ihrem Plan: Mit 63 soll Schluss sein. Und sie gehen sogar noch weiter. Ihre Arbeitgeber bieten älteren Mitarbeitern Altersteilzeit an. Bernd und Anna klären mit den Personalabteilungen ihrer Firmen, dass sie diese ab dem 61. Geburtstag in Anspruch nehmen wollen. Im Blockmodell arbeiten die Meiers im ersten Jahr der Altersteilzeit noch voll bei verminderten Bezügen und ab 62 dann gar nicht mehr, bekommen aber weiter ihr gewohntes Gehalt.

Die Altersteilzeit hat im Vergleich zur normalen Teilzeit den Vorteil, dass der Arbeitnehmer bei halbierter Arbeitszeit zusätzlich zur Hälfte des bisherigen Brutto-Gehalts einen sogenannten Aufstockungsbetrag von mindestens 20 Prozent vom Arbeitgeber erhält (siehe Checkliste S. 89). Die Beiträge in die Rentenkasse belaufen sich sogar auf 90 Prozent des vollen Gehalts. So wird die Rente durch die Altersteilzeit nur um wenige Euro gemindert. Vor al-

Altersteilzeit: So funktionieren die Modelle

Arbeitnehmerinnen und Arbeitnehmer müssen mindestens 55 Jahre alt sein, um die Altersteilzeit nutzen zu können. Diese läuft so lange, bis der Eintritt in die Rente erfolgt. Beschäftigte müssen vor dem Start in die Altersteilzeit innerhalb der letzten fünf Jahre wenigstens drei Jahre sozialversicherungspflichtig angestellt gewesen sein. Dazu gehören auch Zeiten, in denen sie Krankengeld erhalten haben oder arbeitslos waren.

☐ **Modell 1.** Eine gesetzliche Altersrente ist frühestens mit 63 Jahren möglich, Ausnahmen davon gibt es nur für Menschen mit Schwerbehinderung. Wer vorher aus dem Job aussteigen will, kann das Blockmodell bei der Altersteilzeit wählen. Arbeitnehmende verringern dann etwa für vier Jahre ihre Arbeitszeit, in den ersten zwei Jahren sind sie voll erwerbstätig, und in den folgenden zwei Jahren nicht mehr.

☐ **Modell 2.** Bei dieser Variante wird die Arbeitszeit über den vereinbarten Zeitraum verteilt, entweder gleichmäßig über alle Jahre oder individuell verschieden. Das ist möglich, sofern die Arbeitszeit während der gesamten Altersteilzeit im Durchschnitt 50 Prozent beträgt. Beispiel: Die Altersteilzeit beträgt vier Jahre. Die ersten zwei Jahre arbeitet der/die Arbeitnehmende 70 Prozent, die letzten zwei nur noch 30 Prozent.

☐ **Unbedingt nachrechnen.** Beschäftigte bekommen bei der Altersteilzeit das Teilzeitgehalt um mindestens 20 Prozent aufgestockt, unabhängig vom gewählten Modell. Doch Vorsicht: Dieser Aufstockungsbetrag an sich ist zwar von der Lohnsteuer befreit, unterliegt aber dem „Progressionsvorbehalt" (siehe „Steuerprogression" S. 90). Dieser erhöht den Steuersatz für das Einkommen, das Beschäftigte zu versteuern haben. Das wird beim Berechnen der Einkommensteuer nach Abgabe der Steuererklärung berücksichtigt. Denken Sie schon bei Ihrer Planung daran.

lem netto ist das Modell attraktiv: Das Bruttogehalt ist zwar um 30 Prozent geringer. Aber der Fiskus greift mit dem sinkenden Gehalt weniger stark zu, sodass das Minus netto nicht mehr so groß ist. Das liegt an der „Steuerprogression": Das Finanzamt staffelt das Einkommen. Für die verschiedenen Teile des Einkommens setzt es einen anderen Steuersatz an, und dieser steigt mit dem zu versteuernden Einkommen bis zum Spitzensteuersatz von 42 Prozent.

Aus dem Vermögen eine Pantoffel-Rente machen

Unterm Strich ist für die Meiers mit 63 das Einkommen aus der gesetzlichen Rente durch die Abschläge und die entgangenen Rentenpunkte bei einer Weiterzahlung bis 67 nicht mehr allzu üppig. Beide bekommen jedoch jeweils eine kleine Betriebsrente, zusammen sind das weitere 500 Euro im Monat. Damit liegen sie immer noch unter der Marke von 80 Prozent des Nettogehalts, die Rentner idealerweise zur Verfügung haben sollten. Aber das ängstigt Anna und Bernd nicht: Sie müssen ja keine Miete zahlen und leiden auch nicht unter hohen Beiträgen für die Krankenversicherung, die viele privatversicherte Ruheständler schultern müssen. Außerdem können sie auf ihr Pantoffel-Portfolio zurückgreifen. Dieses wollen Anna und Bernd nutzen, um daraus regelmäßig Geld zu entnehmen und so die Einkünfte im Alter zu ergänzen.

Häufig werden von Anlegerinnen und Anlegern immer noch kurz vor Renteneintritt alle riskanten Anlagen verkauft und Erlöse in sichere Häfen umgeschichtet. Jahrzehntelang galt das als der plausibelste Weg, da das angesparte Kapital ordentlich Zinsen abgeworfen hat. Diese Zeiten sind leider vorbei. Wer heute vollständig auf Nummer sicher geht, verzichtet weitgehend auf einen Wertzuwachs des angesparten Rentenkapitals. Mehr noch, das Geld verliert sogar an Wert, wenn die Inflationsrate wie 2021 und 2022 deutlich höher ist als die erhaltenen Mini-Zinsen.

66 Auch im Alter sollte man auf die Rendite schauen.
_____

Da die Meiers mit ihrem Pantoffel-Portfolio gute Erfahrungen gemacht haben, wissen sie, dass es auch im Alter wichtig ist, auf die Rendite zu schauen.

Beispiel: Wer 100 000 Euro unverzinst auf dem Konto hat und jeden Monat 417 Euro entnimmt, hätte sein Guthaben nach 20 Jahren aufgebraucht. Bei einer Rendite von jährlich drei Prozent käme man mit dem Geld hingegen schon 30 Jahre über die Runden.

**Clever Geld entnehmen:
So geht's**

Auch die Meiers kennen die wundersame Wirkung des Zinseszinseffekts und hoffen auf weiterhin gute Erträge am Aktienmarkt. Deshalb wollen sie in fünf Jahren, wenn sie 63 sind und nach ihrer Altersteilzeit in Frührente gehen, aus ihrem Ersparten eine Pantoffel-Rente machen.

Sie nutzen dazu die Hinweise von Finanztest: test.de/pantoffel-auszahlphase.

Ihr vorläufiger Plan: dem Depot dann 30 Jahre lang jedes Jahr Geld entnehmen. Das machen sie am besten mit einer flexiblen Entnahme. Der Entnahmebetrag ist dann nicht automatisch festgelegt. Vielmehr können sie nach einer guten Börsenphase mehr entnehmen, nach einer schlechten fällt die Auszahlung geringer aus. Das geht so:

Anna und Bernd werden einfach jedes Jahr den Wert ihres Depots durch die gewünschte restliche Laufzeit teilen. Bei 100 000 Euro und 30 Jahren Laufzeit fangen sie also mit einer jährlichen Entnahme von rund 3 000 Euro aus ihrem Guthaben auf dem Tagesgeldkonto an. Das sind ergänzende 250 Euro im Monat. Danach ziehen sie jedes Jahr eine Zwischenbilanz und passen die Höhe ihrer Zusatzrente an. Wenn die Kapitalmärkte in einem Jahr gut gelaufen sind, wird ihre Auszahlung danach höher ausfallen. Liefen die Märkte schlecht, müssten sie etwas zurückstecken. Bräuchten sie zu Beginn eine größere Summe, sollten sie sich

Checkliste

Typ Auszahlplan?

Sie sind eher der Typ Auszahlplan, wenn Sie ...

☐ Ihre regelmäßigen Ausgaben aus anderen Quellen zahlen, gerne eine weitere monatliche Einkommensquelle haben möchten, Ihnen Schwankungen aber nichts ausmachen.

☐ etwa wegen einer schweren Krankheit nur für einen begrenzten Zeitraum planen wollen.

☐ eine Chance auf höhere Entnahmen und ein wachsendes Vermögen haben möchten.

☐ mit Geldanlagen vertraut sind und sich für fähig halten, Ihr Vermögen selbst zu verwalten, und Verluste problemlos aussitzen können; wenn Sie flexibel bleiben möchten und gelegentlich größere Beträge aus Ihrem Vermögen entnehmen wollen.

☐ wollen, dass für Ihre Erben wenigstens die Chance bestehen soll, dass für sie etwas von Ihrem Ersparten übrig bleibt.

Die drei Renditebremsen nicht vergessen

So viel müssen Anleger und Anlegerinnen jeden Monat sparen, um 100 000 Euro zu erreichen – wenn sie Kosten, Steuern und Inflation mit einrechnen.

Spardauer	Ohne Sparplan-kosten	Mit Sparplan-kosten	Mit Sparplan-kosten und Steuern	Mit Sparplan-kosten, Steuern und Inflation
10 Jahre	613 Euro	622 Euro	651 Euro	723 Euro
20 Jahre	219 Euro	223 Euro	242 Euro	300 Euro
30 Jahre	102 Euro	104 Euro	116 Euro	161 Euro

Annahmen: laufende Fondskosten 0,5 Prozent p.a.. Sparplankosten 1,5 Prozent vom monatlichen Sparbetrag. Sparerfreibetrag anfänglich 801 Euro. Aktien-ETF-Rendite 6 Prozent p.a.. Dividendenrendite 2 Prozent p.a.. Inflationsrate 1 Prozent p.a.. Quelle: eigene Simulationen   Details zur Methodik unter test.de/100k/methodik   Stand: 31.12.2020

diese sofort auszahlen lassen und den Auszahlplan mit dem Restgeld starten.

Nun wird ja von den 100 000 Euro je die Hälfte in Tagesgeld und in Aktien-ETF gesteckt. Dieses Verhältnis will unser Musterpaar Meier beibehalten, wenn es mit der Entnahme losgeht. Finanztest rät hier, das Verhältnis von Tagesgeld und Aktien-ETF mindestens einmal im Jahr zu kontrollieren. Es sollte dann möglichst nicht zu weit von der ursprünglichen Gewichtung abweichen.

Da Anna und Bernd die Zusatzrente aus dem Tagesgeld entnehmen werden, wird ihr Aktienanteil tendenziell steigen. Sollte sich dieser um mehr als zehn Prozentpunkte von der Zielgewichtung entfernt haben,

also zum Beispiel auf 60 Prozent, sollte das Paar umschichten, indem es den Überhang verkauft und seinen Sicherheitsbaustein um den Erlös aufstockt.

Mit dem kostenlosen Rechner von Finanztest (test.de/pantoffelrechner) kann das Paar schnell ermitteln, wann das nötig wäre.

Der Fiskus greift auch zu

Was wir bislang aber nicht berücksichtigt haben, ist die Steuer. Wer ETF mit Kursgewinnen verkauft oder Erträge aus ETF als Ausschüttung überwiesen bekommt, erhält dieses Geld nicht eins zu eins ausbezahlt. Es sei denn, die realisierten Kursgewinne/Erträge liegen unterhalb des Sparerfreibetrags von 801 Euro/1 602 Euro (Ledige/Verheiratete) und der Bank liegt ein entsprechender Freistellungsauftrag vor (siehe „Was ist mit der Steuer?", ab S. 138). Für Erträge darüber zieht die Depotbank automatisch die Abgeltungsteuer von 25 Prozent ab. Das ist aber noch nicht alles. Der Solidaritätszuschlag von 5,5 Prozent auf die Abgeltungsteuer und eventuell Kirchensteuer kommen noch obendrauf. Gerade für Anleger mit einem fixen Ziel, egal ob das nun 50 000 oder 100 000 Euro sind, ist es deshalb wichtig, an die Ertragsfresser zu denken, um keine böse Überraschung zu erleben, das sind neben der Steuer die Sparplankosten und die Inflation, siehe dazu die Tabelle „Die drei Renditebremsen nicht vergessen", S. .92.

66 Der Solidaritätszuschlag von 5,5 Prozent auf die Abgeltungsteuer und eventuell Kirchensteuer kommen noch obendrauf.

———

Nun fragen Sie sich sicherlich: Was ist, wenn Anna und Bernd Meier länger als die 30 einkalkulierten Jahre leben? Also älter als 93 werden? Das kann angesichts der steigenden Lebenserwartung durchaus möglich sein. Und was passiert, wenn es dem Ehepaar in hohem Alter zu aufwendig wird, sich um die Geldanlage selbst zu kümmern?

Auch hier können Anna und Bernd ganz flexibel reagieren. Mit ihrer Pantoffel-Rente sind sie keine vertraglichen Verpflichtungen eingegangen. Und da sie keine Kinder als Erben haben, gibt es auch keinen Grund, einen Teil der 100 000 Euro nicht aufzubrauchen.

Möglich ist auch, dass die Meiers ihren Aktien-ETF, wenn ihnen die Verwaltung zu mühsam wird, ganz in Tagesgeld umschichten. Vielleicht gibt es bis dahin sogar wieder ordentlich Zinsen für Sparkonten.

Außerdem haben Anna und Bernd zum Beispiel mit 75 oder mit 80 immer noch die Möglichkeit, mit dem Rest des Geldes eine private Rentenversicherung abzuschließen. Sie investieren auf einen Schlag die Restsumme, zum Beispiel 50 000 Euro, und lassen sich daraus bis zum Lebensende eine Sofortrente auszahlen. Dabei wird ein Hinterbliebenenschutz vereinbart, damit das Geld nicht weg ist, wenn derjenige stirbt, der den Vertrag abgeschlossen hat. Denn es ist ja sehr unwahrscheinlich, dass beide zur selben Zeit sterben.

Fazit

Wenn die Meiers ihren Lebensstil etwas einschränken, ist es kein Problem für sie, früher in Rente zu gehen. Ihre Reisen sollten sie aber etwas davon abhängig machen, wie gut ihr Depot im Vorjahr gelaufen ist.

Die 100 000-Euro-Marke überspringen

Eine gesetzliche Rente und eine Betriebsrente wird es geben. Aber reicht das im Alter? Wir zeigen, wie das Ehepaar Kowalski sich ein Vermögen für ein späteres Zusatzeinkommen aufbaut.

Eigentlich kommen Doris und Jürgen Kowalski mit ihrem Geld gut zurecht. Er (54) ist Sozialarbeiter, verdient brutto 3 800 Euro, sie (52) ist Verkäuferin in einer Boutique und verdient 2 500 Euro brutto. Netto kommt das Paar aus dem Ruhrpott auf gut 4 000 Euro im Monat. Das reicht ihnen, um über die Runden zu kommen, da sie keine Kinder haben. Sie wohnen in einer Kleinstadt und zahlen keine hohe Miete.

In den vergangenen 20 Jahren haben sie es sogar geschafft, ein bisschen Geld zurückzulegen. 40 000 Euro haben sie geerbt, weitere 40 000 Euro konnten sie selbst ansparen. Das Geld liegt in einem Mischfonds bei ihrer örtlichen Volksbank.

Trotzdem machen sich die Kowalskis Sorgen, wenn sie an ihre Zukunft denken. Nicht nur, weil sie sich fragen, ob das Vermögen richtig angelegt ist. Vor allem treibt sie um, ob das Geld im Alter reichen wird – erst recht, wenn Doris, so wie es sie sich eigentlich wünscht, vorzeitig mit 63 in den Ruhestand gehen wird, trotz der dann fälligen Rentenabschläge.

Die Kowalskis machen darum zunächst einen Renten-Check: Üppig fallen ihre Renten wohl nicht aus, aber zum Leben sollte das Geld reichen: Vor Abzügen werden sie laut den Rentenmitteilungen inklusive der kalkulieren Rentenerhöhungen in den nächsten Jahren auf 3 350 Euro kommen, wobei die gesetzlichen Renten von Jürgen mit 1 900 Euro und Doris mit 1 100 Euro den größten Teil ausmachen. Hinzu kommt die Betriebsrente von Jürgen in Höhe von 350 Euro. Nach allen Abzügen sieht es aber weniger gut aus: Netto werden dem Paar davon nicht ganz 3 000 Euro übrig bleiben.

Spürbare Abgaben

Die Steuern, das hat ihnen ein befreundeter Steuerberater beim Abendessen erklärt, werden im Ruhestand keine große Rolle spielen. Ein größeres finanzielles Problem als die Steuern werden für die beiden zukünftigen Ruheständler aber die Abgaben für Krankenkassen und Pflegeversicherung sein. Bislang würden für die Krankenversicherung 15,9 Prozent inklusive Zusatzbeitrag draufgehen. Die Hälfte davon zahlt die

Rentenversicherung. Dazu kommen 3,40 Prozent als Beitrag für die Pflegeversicherung, den derzeit Kinderlose zahlen müssen. Diesen Beitrag müssen Rentner allein zahlen.

Von ihren gesetzlichen Renten in Höhe von 3 000 Euro gingen so schon einmal nach Abzug der Sozialabgaben rund 340 Euro weg und etwa 50 Euro für die Steuer. Netto bleiben also 2 610 Euro im Monat übrig. Diese Rechnung enthält aber einige Unsicherheiten, nicht nur, weil die Steuerlast aufgrund von gesetzlichen Änderungen sinken oder steigen könnte. Auch die Beiträge für die Kranken- und Pflegeversicherung könnten in den nächsten 10 bis 15 Jahren weiter anziehen, auf Kosten des Netto-Einkommens des Ehepaars.

Der doppelte Beitrag auf die Betriebsrente

Auch die Abgaben auf die Betriebsrente könnten sich ändern, hier aber vielleicht zum Positiven. Noch gilt die sogenannte Doppel-Verbeitragung, und die spürt Jürgen besonders: Seine Betriebsrente, für die von seinem Lohn Geld abgezwackt wird, beläuft sich nach den Berechnungen der Pensionskasse später einmal auf 350 Euro.

Oberhalb des Freibetrags von derzeit 164,50 Euro müsste er also derzeit darauf den vollen Beitrag für die Krankenkasse und Pflegeversicherung zahlen. Denn Jürgen hat in der Ansparphase aus seinem Bruttogehalt in die Pensionskasse einge-

zahlt, damit hat er Sozialabgaben eingespart. Davon entfiel die Hälfte der Ersparnis auf ihn, die andere Hälfte hat sein Arbeitgeber einkassiert. Seit 2021 zahlt der Arbeitgeber aber einen Zuschuss von 20 Prozent, um seine Ersparnis an den Mitarbeiter zurückzugeben. Mindestens 15 Prozent sind gesetzlich vorgesehen. Von den 350 Euro würden Jürgen nun rund 314 Euro bleiben. Der Freibetrag und der Beitrag für Kranken- und Pflegekasse blieben unverändert. Zusammen mit der Betriebsrente hätten die Kowalskis also ein Alterseinkommen von 2 924 Euro netto, ohne Kapitalerträge aus ihrer Fondsanlage bei der Volksbank.

Dem Ehepaar ist bewusst, dass so ein Renten-Check nicht auf den Euro und Cent genau sein kann. Nun haben sie aber schon einmal einen Anhaltspunkt, wie ihr Alterseinkommen aussehen könnte. Für Jürgen und Doris ist damit klar: Wir brauchen ein Zusatzeinkommen im Alter, notfalls auch, um damit Pflegeleistungen bezahlen zu können, für die unsere gesetzliche Pflegeversicherung nicht aufkommt.

80 000 Euro hatten sie in einen defensiven Mischfonds bei der Volksbank angespart, mit einer Aktienquote von um die 25 Prozent. Sie fragen sich allerdings, ob das Vermögen richtig angelegt ist. Finanztest hat festgestellt, dass es Mischfonds nur äußerst selten gelingt, besser als der Markt abzuschneiden. (Stand: 11/2019)

Das Ehepaar erwägt deshalb, die Fondsanteile zu verkaufen und sich mit dem Vermögen ein Pantoffel-Portfolio aufzubauen. Dann können sie auch ihr Depot bei einer Onlinebank einrichten, wo sie keine Depotgebühren bezahlen müssen (mehr zu den besten Depotanbietern finden Sie im „Hilfe-Abschnitt", ab S. 148). Damit ließen sich jedes Jahr mehr als 100 Euro Kosten sparen.

Noch mehr bringt ihnen jedoch, dass sie durch den Fondstausch viel Geld einsparen. Bei den Mischfonds fallen häufig laufende Kosten von zwei Prozent pro Jahr an. Bei den ETF sind es im Durchschnitt nur 0,3 Prozent.

Angenommen, sie legten nun ein Viertel in einen Aktien-ETF an und den Rest in Tages- und Festgeld, dann hätten sie pro Jahr 1540 Euro laufender Fondskosten gespart. Diese Verwaltungs- und Managementkosten werden auf der Fondsebene erhoben. Die Kowalskis zahlten sie bei ihrem Mischfonds nicht direkt. Vielmehr behielt der Fondsanbieter das Geld ein, zog es also von den Gewinnen des Fonds ab, was die Wertentwicklung des Fonds schmälerte.

Beim Pantoffel-Portfolio vorsichtig bleiben

Was also soll stattdessen mit den 80000 Euro passieren? Das Ehepaar ist sehr vorsichtig. Ein Großteil des Geldes soll auf jeden Fall verfügbar sein, wenn sie in Rente gehen. Sie entscheiden sich deshalb, wie bereits erwähnt, für ein defensives Pantoffel-Portfolio (siehe dazu auch S. 56 und 73). 20000 Euro gehen in einen ETF auf den

MSCI World. 60000 Euro wandern auf Tages- und Festgeldkonten. Das Ehepaar setzt dabei auf die bereits beschriebene Leiter-Methode (siehe ab S. 68). Die 20000 Euro legen sie jedoch nicht auf einen Schlag an – aus Sorge, ausgerechnet dann am Aktienmarkt einzusteigen, wenn die Kurse sehr hoch sind. Sie investieren über die nächsten 20 Monate jeweils 1000 Euro in den ETF. Möglich wäre natürlich auch, den Betrag zum Beispiel zu vierteln und alle drei Monate jeweils 5000 Euro anzulegen. Was dabei einmal herauskommen könnte, ist jedoch schwierig zu berechnen.

> ❝ **Wenn du nicht bereit bist, eine Aktie für zehn Jahre zu halten, solltest du auch nicht darüber nachdenken, sie für zehn Minuten zu besitzen.**

Warren Buffett, amerikanischer Großinvestor

Drei Viertel des Geldes liegen in Zinsanlagen, und keiner weiß, wie sich die Zinsen in den nächsten 13 Jahren entwickeln werden, wenn Jürgen in den Ruhestand gehen will. Aber da das Geld zum überwiegenden Teil fast von Anfang an für das Ehepaar arbeitet und die Kowalskis bei der Wiederanlage ihrer 80000 Euro nicht Monat für Monat kleine Beträge anlegen müssen, profitieren sie stärker vom Zinseszinseffekt.

Eine vereinfachte Beispielrechnung: Würden die 80 000 Euro im Durchschnitt eine Rendite von zwei Prozent bringen, wären daraus nach 13 Jahren knapp 104 000 Euro geworden, bei einer Verzinsung von vier Prozent wären es schon mehr als 133 000 Euro.

200 Euro im Monat sind übrig

Außerdem wollen die Kowalskis noch bis zum Rentenalter 200 Euro monatlich sparen. Ihr Kassensturz hat ergeben, dass sie das auf jeden Fall schaffen, ohne an den Urlaubsausgaben sparen zu müssen. Hier sind Doris und Jürgen risikobereiter und setzen auf nachhaltige ETF: 150 Euro stecken sie in den breiter gefassten MSCI World SRI Low Carbon (siehe „Der Grüne: MSCI World SRI Low Carbon", S. 110), die nachhaltige Variante des MSCI World.

Weitere 50 Euro gehen in den iShares MSCI Europe SRI Select Reduced Fossil Fuels (Isin: IE 00 B52 VJ1 96). In diesem ETF sind vor allem Unternehmen, die verglichen mit ihrer Konkurrenz über eine gute Bewertung in Sachen Umweltschutz, soziale Verantwortung und Unternehmensführung (ESG) verfügen und beim Klimaschutz bestimmte Auflagen erfüllen (siehe „ESG – Was bedeutet das?", S. 110). Auch das lohnt sich langfristig: Bei einer Rendite von durchschnittlich fünf Prozent im Jahr hätte das Ehepaar mit seinen monatlich 200 Euro in den

13 Jahren 43 663 Euro zusammengespart, bei acht Prozent Rendite wären es dann sogar 53 824 Euro.

Geht ihr Plan auf, werden sich in ihrem Topf für ihre Zusatzrente einmal deutlich mehr als 100 000 Euro befinden. Daraus können sie monatlich Geld entnehmen. Selbst wenn sie am Ende nur 120 000 Euro hätten, würde das Geld – unverzinst – reichen, um sich 20 Jahre lang jeden Monat 500 Euro auszahlen zu lassen. Wenn sie im Ruhestand auf Nummer sicher gehen wollen, können sie den Aktienanteil in ihrem Depot schrittweise bis auf null herunterfahren und erzielte Kursgewinne durch einen Verkauf von ETF-Anteilen sicherstellen. Dabei werden sie darauf achten, dass sie ihren Sparerfreibetrag von derzeit 1 602 Euro für Verheiratete Jahr für Jahr voll ausnutzen, um die Erträge möglichst steuerfrei einheimsen zu können (siehe dazu „Was ist mit der Steuer?", S. 138).

Fazit

Das Ehepaar Kowalski hat aus wenig mehr gemacht. Statt lange zu überlegen und Zeit zu verlieren, haben sie rechtzeitig ihr Depot optimiert und so viel gespart, dass sie im Ruhestand zumindest auf ein kleines Vermögen zurückgreifen können.

Vermögen vermehren mit Renditekick

Die Altersvorsorge ist gesichert, das Haus abbezahlt. Genug Geld zum Sparen ist vorhanden, um für Eventualitäten vorzusorgen und den Kindern ein gutes Erbe zu hinterlassen. Wie das geht, zeigt unser Muster-Ehepaar Schulze.

Arbeiten Sie in einem gut bezahlten Job? Und das ohne lange Unterbrechungen? Haben Sie frühzeitig in eine eigene Immobilie investiert? Dann gehören Sie zu den Menschen, die sich im Alter meist keine finanziellen Sorgen machen müssen. Ein Beispiel dafür ist das Ehepaar Schulze. Hans Schulze (55) hat direkt nach dem Studium als Mathematiker bei einer Versicherung sehr gut verdient. Als Abteilungsleiter befindet er sich seit einigen Jahren in Gehaltsregionen von etwa 7 500 Euro brutto pro Monat. Er zahlt damit den Höchstbetrag in die gesetzliche Rentenversicherung ein.

Seine Frau Cynthia (53) war nicht durchgehend erwerbstätig, da sie für die beiden mittlerweile erwachsenen Söhne zurückgesteckt hat. Jetzt arbeitet sie aber wieder als Angestellte in der Schadenabteilung beim selben Arbeitgeber wie Hans. Sie bewegt sich mit ihrem Verdienst von etwa 3 500 Euro brutto auf dem Niveau eines Durchschnittsverdieners in der gesetzlichen Rentenversicherung.

Kassensturz mit Immobilie

Die Schulzes hatten schon kurz nach ihrer Heirat entschieden, ein eigenes Haus mit Garten zu kaufen, damit für die Kinder genug Platz ist. Mittlerweile ist das Einfamilienhaus im Umland von Berlin abbezahlt.

Die Söhne sind aus dem Haus und verdienen als Berufsanfänger genug, sodass sie ihren Eltern nicht mehr auf der Tasche liegen. Nun aber, nachdem die Bank die letzte Kreditrate für das Hypothekendarlehen kassiert hat, ist den Schulzes klar: Wir müssen uns noch einmal von Grund auf mit unseren Finanzen befassen. Drei Überlegungen stehen dabei im Vordergrund:

1. Was machen wir mit dem Geld, das jetzt jeden Monat übrig bleibt? Wie legen wir das an?
2. Wie sieht es mit unserem Alterseinkommen aus? Reicht das? Sind wir genug abgesichert, auch wenn einer von uns stirbt?
3. Was soll mit dem Haus passieren? Was können wir tun, damit die Kinder mal keine Erbschaft- oder Schenkungsteuer zahlen müssen?

Klären, was da ist

Als Erstes haben Hans und Cynthia Schulze deshalb einen Kassensturz gemacht, drei Monate lang Einnahmen und Ausgaben gecheckt und ausgerechnet, wie viel sie monatlich zurücklegen können. Außerdem haben sie hochgerechnet, wie ihr Alterseinkommen in zehn bis zwölf Jahren ausfallen könnte.

Auf einem Tagesgeldkonto haben die Schulzes schon jetzt 15 000 Euro liegen. Das soll auch so bleiben, das ist ihre Notreserve für größere Reparaturen. Auf einem zweiten Tagesgeldkonto bunkern sie ihr Budget für Anschaffungen, die irgendwann einmal nötig sind, für die es also teilweise noch keinen konkreten Zeitpunkt gibt. Das Ehepaar denkt dabei vor allem an ein neues Auto und eine moderne, energieeffizientere Heizung, die sie in ihr Haus einbauen lassen wollen. Auf diesem Konto befinden sich 20 000 Euro, das ist aber zu wenig für die absehbaren Anschaffungen.

Auf das Konto konnten die Schulzes bislang noch nicht so viel zurücklegen, weil in den vergangenen Jahren viel Geld für das Studium der Jungs und die Abzahlung des Hauses draufging. Sie wollen deshalb den Konsumtopf Schritt für Schritt vergrößern. Ihr Ziel ist ja, wie bereits erwähnt: In den nächsten zwölf Jahren soll das Guthaben um circa 30 000 Euro auf 50 000 Euro wachsen. Sicher ist sicher, sagen sich Cynthia und Hans. Das klingt nach sehr viel Geld, ist für das Ehepaar aber machbar, zumal sie ja miet- und schuldenfrei leben. Großzügig gerechnet können sie monatlich locker 1000 Euro zurücklegen, ohne sich einschränken zu müssen.

Mit dem Haus Steuern sparen

Die Schulzes denken darüber nach, wie sie ihren Söhnen ihr Haus am besten vererben können, ohne dass Steuern fällig werden. Das Haus war für viele Jahre der Mittelpunkt, das Familienheim. Die Immobilie zu verkaufen und in eine kleinere Wohnung zu ziehen, das kommt für Cynthia und Hans nicht infrage. Das Haus ist immer wertvoller geworden. Sie überlegen, wie sie das künftige Erbe sinnvoll auf ihre Söhne übertragen können. Es hat Vorteile, das zu Lebzeiten zu regeln.

Ein Gutachter hat das Haus auf 700 000 Euro geschätzt. Der Wert könnte in den nächsten Jahren weiter steigen und dann zusammen mit dem angesparten Vermögen der Schulzes den Freibetrag von 400 000 Euro bei der Erbschaftsteuer je Kind überschreiten. Wenn sie aber schon jetzt handeln, können sie vermeiden, dass Erbschaftsteuer fällig wird. Denn ein Kind kann alle zehn Jahre von jedem Elternteil bis zu 400 000 Euro steuerfrei erhalten. Wenn jedes Kind die Hälfte des Hauses geschenkt bekommt, könnten sie diesen Freibetrag gut nutzen. Und in zehn Jahren hätten sie ihn erneut voll zur Verfügung.

Schau genau!

Wer eine Wohnung privat vermietet, kann die in diesem Zusammenhang entstehenden Kosten grundsätzlich in voller Höhe als Werbungskosten steuerlich geltend machen. Bei Vermietungen an Verwandte und nahe Angehörige schaut das Finanzamt aber, wie hoch die Miete im Verhältnis zur ortsüblichen Miete ist. Die entscheidende Grenze wurde hierbei von 66 Prozent auf 50 Prozent reduziert. Bei Mieten zwischen 50 und 65,9 Prozent der ortsüblichen Mieten ist eine Überschussprognose vorzunehmen. Fällt diese positiv aus, ist eine Einkunftserzielungsabsicht zu unterstellen und der volle Werbungskostenabzug möglich. Bei negativer Prognose oder bei Mieten unter 50 Prozent wird gesetzlich unterstellt, dass die Vermietung nur teilentgeltlich erfolgt. Mit dem Ergebnis, dass die Nutzungsüberlassung in einen entgeltlichen und einen unentgeltlichen Teil aufzuteilen und der Werbungskostenabzug entsprechend zu kürzen ist. Bei Mieten ab 66 Prozent der ortsüblichen Mieten muss das Finanzamt die Werbungskosten komplett berücksichtigen.

Der Rentencheck für Gutverdiener

Wer privat krankenversichert ist, muss im Alter mit hohen Beiträgen rechnen. Gesetzlich Versicherte zahlen deutlich weniger.

Wie wollen die Schulzes nun vorgehen? 200 Euro monatlich wandern die nächsten 12 Jahre in den Konsumtopf. Dann wäre das Guthaben ohne Verzinsung auf wie geplant fast 50 000 Euro gewachsen. 800 Euro wollen sie in verschiedene Sparpläne stecken. Das Geld sollen, wenn keine unvorhergesehenen Ausgaben auf die Schulzes zukommen, einmal ihre Kinder erben.

Für eine Zusatzrente müssen sie nicht mehr sparen, denn das Ergebnis ihres Renten-Checks ist sehr erfreulich: Das Alterseinkommen sollte auch so völlig ausreichen, um sorgenfrei leben zu können.

Das Ehepaar ist sich einig: Im Alter wollen sie so lange wie möglich in ihrem Haus wohnen bleiben. Dort sind sie ohnehin am liebsten. Beide gärtnern gerne, der Hund braucht täglich Auslauf. Und lange teure Reisen mögen beide nicht, drei Wochen Urlaub in Italien oder Portugal jedes Jahr reichen ihnen. Das verringert schon einmal die Höhe des erforderlichen Budgets fürs Alter. Bei ihrem Rentencheck denken die Schulzes auch daran, dass sie sich bei ihren Einkünften im Rentenalter nicht von den Bruttowerten blenden lassen dürfen, sondern die Abzüge zu betrachten sind.

Das gilt besonders für Hans, weil er privat krankenversichert ist. Schon jetzt zahlt der Mathematiker 650 Euro im Monat für seine private Krankenversicherung. Der Beitrag wird vermutlich noch deutlich steigen. Cynthia und Hans bekommen aber beide eine Betriebsrente. Nach Abzug aller Abgaben werden ihnen netto etwa 3 800 Euro übrig bleiben. Verglichen mit anderen Rentnern, die mit ihren Einkünften an der Armutsgrenze kratzen, kann man sie schon als „reich" oder vermögend bezeichnen, zumal sie ja noch ihr Haus und Erspartes auf der hohen Kante haben.

Wann die private Krankenversicherung teuer wird

Hans hadert allerdings damit, dass er privat krankenversichert ist und nicht mehr in die gesetzliche Krankenkasse wechseln darf. Das heißt, er muss im Alter hohe Beiträge schultern. Cynthia hat hingegen den Vorteil, dass sich der Beitrag in ihre gesetzliche Krankenversicherung ihren finanziellen Verhältnissen anpasst. Egal, ob sie 3500

Euro Gehalt oder 1400 Euro gesetzliche Rente brutto erhält, sie zahlt jeweils nur 7,95 Prozent davon für ihre Krankenversicherung. Den gleichen Prozentsatz von 7,95 übernimmt entweder ihr Arbeitgeber oder die Rentenkasse. Das ist bei der privaten Krankenversicherung von Hans anders. Als junger und gesunder Mann waren seine Beiträge niedrig, aber mittlerweile fordert die private Krankenversicherung jeden Monat 650 Euro – und das unabhängig davon, was er verdient.

66 Privat Krankenversicherte müssen alle Arztrechnungen vorstrecken. Die Versicherung erstattet das Geld aber schnell.

Früher musste er auch noch für seine Kinder Beiträge bezahlen, weil sie bei einem privat versicherten Hauptverdiener nicht mitversichert sind. Das ist inzwischen weggefallen, weil ja beide Söhne ihr eigenes Geld verdienen. Der Beitrag von Hans wird aber in den nächsten Jahren vermutlich weiter steigen. Außerdem hat er eine Selbstbeteiligung von 1000 Euro im Jahr, die er erst einmal zahlen muss, bevor die Krankenversicherung die Kosten für Medikamente, Arztbesuche oder einen Krankenhausaufenthalt übernimmt.

Erschwerend hinzu kommt: Privat Krankenversicherte müssen alle Arztrechnungen vorstrecken. Die Versicherung erstattet das Geld dann zwar schnell, aber Hans braucht darum immer etwas Geld auf der hohen Kante. Gut, dass er dafür im Ernstfall sogar zwei Töpfe zur Verfügung hat: den Notfalltopf mit 15 000 Euro und den Konsumtopf mit derzeit 20 000 Euro. Von diesen Tagesgeld-Guthaben kann er sich jederzeit schnell Geld überweisen, wenn wieder eine Arztrechnung ansteht. So denkt Hans bei der Planung für die nächsten Jahrzehnte auch daran, dass er genug Geld auf der hohen Kante bei schweren Krankheiten im Alter haben muss. Von den 800 Euro, die das Paar in Zukunft jeden Monat zurücklegen will, wandern deshalb 200 Euro nicht an die Börse, sondern in einen Sicherheitstopf.

Zum Glück gibt's einen Zuschuss

Immerhin bekommt Hans im Ruhestand wie alle privat Krankenversicherte auch einen Zuschuss von der gesetzlichen Rentenversicherung von 7,95 Prozent der Bruttorente für seine Krankenversicherung. Das entspricht dem Beitrag, den auch gesetzlich krankenversicherte Rentner bekommen. Bei Hans wären das bei einer Bruttorente von 2400 Euro bloß 191 Euro. Gemessen an dem Gesamtbeitrag, der durchaus auf 800 Euro oder mehr zulegen könnte, ist das allerdings nicht allzu viel.

Dafür hat Hans als privat Krankenversicherter einen großen finanziellen Vorteil: Von seiner sehr guten Betriebsrente in Höhe von 450 Euro, die ihm sein ehemaliger Arbeitgeber als Direktzusage einmal auszahlen wird, muss er nichts an seine Krankenversicherung abgeben.

Bei seiner Frau sieht das anders aus. Cynthia ist gesetzlich krankenversichert. Wenn sie mit 67 ihre Betriebsrente von voraussichtlich 300 Euro im Monat bekommen wird, hält ihre Krankenkasse die Hand auf. Noch beläuft sich der allgemeine Beitragssatz auf 14,6 Prozent. Hinzu kommen der Zusatzbeitrag in Höhe von derzeit durchschnittlich 1,3 Prozent, macht schon 15,9 Prozent sowie 3,05 Prozent für die Pflegeversicherung. Zu berücksichtigen ist dabei 2022 ein Freibetrag von 164,50 Euro. Erst oberhalb dieses Freibetrags, der Jahr für Jahr angepasst wird, ist für Cynthia auf ihre Betriebsrente der Krankenkassenbeitrag fällig. Beim Beitrag für die Pflegekasse gibt es allerdings keinen Freibetrag. Sie müsste somit von ihren 300 Euro knapp 31 Euro an die Kasse abgeben. Allerdings kann es gut sein, dass die Freibeträge weiter gestiegen sind, bis sie wie geplant mit 67 in Rente gehen wird.

Was passiert, wenn einer stirbt?

Die Schulzes haben sich von einer Rentenberaterin der gesetzlichen Rentenversicherung vorrechnen lassen, was passieren würde, wenn zum Beispiel Hans vorzeitig sterben sollte. Reicht dann noch das Alterseinkommen von Cynthia? Die Beraterin konnte das Paar beruhigen: Sie muss sich keine finanziellen Sorgen machen, obwohl ein Teil ihrer gesetzlichen Rente mit der Witwenrente – gezahlt aus den Rentenansprüchen ihres Mannes – verrechnet wird (siehe dazu auch S. 81).

Unterm Strich ist dem Paar klar geworden: Sie müssen sich im Alter keine großen Sorgen um ihre Finanzen machen.

Und falls unvorhergesehene Ausgaben auf sie zukommen, hätten sie auch noch das Geld, das sie ab jetzt bis zur Rente zusätzlich sparen wollen. Das ist zwar für die Kinder vorgesehen. Doch wenn sie bis zum Rentenalter durchhalten und monatlich 800 Euro zurückzulegen, dürften sie am Ende deutlich mehr als 100 000 Euro zusätzlich angespart haben.

Auch für den Pflegefall gut abgesichert

In diesem Sicherheitstopf wäre dann auch genug Geld, um ein paar Jahre die Pflege zu Hause zu bezahlen. Und das Haus wäre groß genug, um dort einer legal beschäftigten Pflegekraft, vermutlich aus Osteuropa, einen Wohnbereich zu bieten. Den Schulzes wäre eine solche Lösung jedenfalls sehr viel lieber als ein Pflegeheim.

Das Pantoffel-Portfolio für offensive Anleger

Wer flexibel ist, genug Geld zur Verfügung hat und keine Zusatzrente braucht, kann mehr riskieren. So geht's.

Wie aber will das Paar Schulze nun die 800 Euro zurücklegen? Als Finanztest-Leser setzen sie auf ein Pantoffel-Portfolio. Sie entscheiden sich dabei für die offensive Variante (siehe dazu auch S. 56). 75 Prozent, also 600 Euro, fließen jeden Monat in verschiedene ETF. 25 Prozent, also 200 Euro, wandern in den Sicherheitstopf. Drei Gründe sind für die Schulzes dabei maßgeblich:

1. Sie brauchen das Geld nicht zu einem bestimmten Zeitpunkt.
2. Sie haben mehr als ein Jahrzehnt Zeit zum Sparen.
3. Wenn sie im Rentenalter sind, kann das Ersparte auch unangetastet bleiben. Und das Geld kann sich auch ohne neue Einzahlungen durch den Zinseszinseffekt weiter vermehren.

Hans ist als Mathematiker eine gefragte Fachkraft. Er arbeitet gern und kann sich auch gut vorstellen, auf Honorarbasis als Senior-Experte gelegentlich weiterzuarbeiten und Geld zu verdienen, wenn er fit bleibt. Da er regulär mit 67 in den Ruhestand eintreten würde, muss er auch nicht darauf achten, wie hoch sein Hinzuverdienst ist. Dieser wird dann nicht mit seiner Rente verrechnet. Käme so zusätzlich Geld in die Haushaltskasse, würden die Schulzes dies weiter in ihrem Pantoffel-Portfolio anlegen, dann aber bei ihren neuen Einzahlungen die defensive oder ausgewogene Variante bevorzugen. Wohin sollen die 800 Euro nun genau fließen? Das Paar entscheidet sich für diesen ausgeklügelten Plan.

Aufs Tagesgeldkonto 200 Euro

200 Euro schieben die beiden Monat für Monat zunächst auf ein Tagesgeldkonto. Vorher vergleichen sie die Konditionen, auch wenn es nur um ein paar Euro Zinsen mehr oder weniger geht. Mitte Juli 2022 zahlten die besten Banken im Finanztest-Vergleich 0,30 Prozent Zinsen, das ist nicht viel, aber immer noch besser, als das Geld zinslos auf dem Girokonto schlummern zu lassen. Da das Paar recht risikobereit ist und die Rendite seiner Anlagen optimieren will, weicht es von der Pantoffel-Methode ab und legt das Geld nicht nur auf dem Tagesgeldkonto an. Nach fünf Monaten suchen sie sich einen Anbieter für Festgeld, der nur

Die Corona-Krise macht's möglich. Auch 2022 dürfen Ruheständler, die noch nicht ihre reguläre Altersgrenze erreicht haben, deutlich mehr dazuverdienen. Die Obergrenze bleibt bei einem Hinzuverdienst von 46 060 Euro, ohne dass die vorgezogene Altersrente mit dem Zusatzverdienst verrechnet wird. Vor der Pandemie lag die Grenze bei 6 300 Euro. Laut Koalitionsvertrag ist geplant, die Regelung zum Hinzuverdienst bei vorzeitigem Rentenbezug zu entfristen. Die deutlich höhere Hinzuverdienstgrenze könnte dann über 2022 hinaus gelten. Wer künftig früher in Rente geht, hätte dann viel bessere Optionen, Rente und Zusatzjob zu verbinden.

auf eine Mindestanlage von 1 000 Euro besteht. 1 000 Euro haben sie ja dann schon zusammen, die sie als Festgeld anlegen können. Hier zahlten die besten deutschen Anbieter im Finanztest-Vergleich nach der Zinserhöhung durch die Europäische Zentralbank (EZB) am 21. Juli bereits 0,8 Prozent Zinsen bei einem Jahr Laufzeit. Eine schwedische Bank mit EU-Einlagensicherung rückte sogar 1,3 Prozent heraus.

So verfährt das Ehepaar auch die nächsten Jahre. Ist genug Geld auf dem Tagesgeldkonto zusammen, wird es als Festgeld angelegt. Sie sind sich dabei der negativen Seite dieser Medaille bewusst: Sind Laufzeit und Zinssatz erst einmal festgelegt, kommen Sparer und Sparerinnen bis zur Fälligkeit nicht mehr an ihr Geld heran. Das heißt: Sollten die Zinsen fallen, haben die Schulzes ihre Zinsen sicher und mit ihrem Wechsel vom Tages- auf Festgeld richtig entschieden. Sollten die Zinsen steigen, hängen sie in der gewählten Laufzeit in dem Vertrag

fest und können vom gestiegenen Zinsniveau nicht profitieren.

Das Paar entscheidet sich deshalb für die sogenannte Leiter-Strategie: Immer dann, wenn genug Geld für die nächste Festgeld-Tranche auf dem Tagesgeldkonto zusammen ist, wechseln sie die Laufzeit, sodass sie nach 15 Monaten jeweils 1 000 Euro für ein Jahr, für zwei Jahre und für drei Jahre angelegt haben. Die ersten 1 000 Euro sind dabei bereits nach 12 Monaten wieder frei geworden, dieser Betrag wird inklusive der erhaltenen Zinsen wieder ein Jahr angelegt. Je länger die Laufzeit, desto höher fällt dabei der Zinssatz aus, das zeigt auch der Finanztest-Zinstest vom Juli 2022. Bei den besten deutschen Banken sprangen mit einer Laufzeit von zwei Jahren 1,30 oder 1,35 Prozent Zinsen heraus. Bei ausländischen Anbietern waren es schon um die 1,70 Prozent. Mit drei Jahren Laufzeit war aber nicht mehr drin. Länger als drei Jahre wollen die Schulzes sich jedoch nicht binden. Sie sagen sich:

Im Sicherheitsbaustein kann man auch auf Anleihe-ETF setzen (= Renten-ETF). Das sind börsennotierte Indexfonds, die einen Index aus Anleihen nachbilden. Das können Firmen-, Unternehmens-, Staatsanleihen sein. Finanztest hatte lange Euro-Renten-ETF als Sicherheitsbaustein empfohlen. Das Problem: Bei einem Zinsanstieg sinken die Kurse der bereits bestehenden Anleihen in den ETF, bis die alten Anleihen durch die neuen, wegen der höheren Zinsen gefragteren Titel ersetzt sind.

Irgendwann müssen die Zinsen doch wieder deutlich steigen, und dann wollen wir auf den Zug noch nach und nach aufspringen können.

Die Mühe lohnt sich auf Dauer

Zugegeben, das ist aufwendig, weil man sich ständig um das Geld kümmern und bei den meisten Anbietern rechtzeitig das Festgeld kündigen muss, um über eine Neuanlage frei entscheiden zu können. Mathematiker Hans bereitet es aber Spaß, sich mit den Zinsanlagen intensiv zu beschäftigen. Damit er keine Fristen versäumt, schickt er immer schon wenige Woche nach der Vertragsunterzeichnung die „Kündigung zum Laufzeitende" an die Bank. So wandert das Geld nach Ende der Laufzeit sofort zurück aufs Girokonto, von dort aus können es die Schulzes wieder als Festgeld anlegen.

Wem das zu mühsam ist, der kann natürlich auch erst mit einem Anlagebetrag von zum Beispiel 5 000 Euro auf Festgeld umschwenken oder das Geld ganz auf dem Tagesgeldkonto lassen – in der Hoffnung,

dann jederzeit von steigenden Zinsen auf dem Kapitalmarkt zu profitieren. Legt das Ehepaar bis zum Renteneintritt von Hans 200 Euro im großen Sicherheitstopf an, kommt nach 12 Jahren und einer Einzahlung von 28 800 Euro einiges zusammen, inklusive Zinseszins. Vereinfacht gerechnet wären das bei einer durchschnittlichen Verzinsung von 0,5 Prozent rund 29 686 Euro, von 1,0 Prozent 30 603 Euro und von 2,0 Prozent bereits 32 538 Euro.

Was das Rating aussagt

Die Schulzes lassen sich nur auf Banken ein, die in der EU oder im Europäischen Wirtschaftsraum sitzen. Und sie machen einen Bogen um Zinsangebote aus wirtschaftlich labilen Staaten. So kommen für sie Banken aus Bulgarien, Rumänien, den baltischen Staaten, aber auch aus Italien, Griechenland oder Zypern erst gar nicht infrage. Zwar gilt überall in der EU die gesetzliche Einlagensicherung bis 100 000 Euro. Und zumindest formell müssen Anlegerinnen und Anleger im Falle einer Bankpleite innerhalb von spä-

DIE DREI FIESESTEN ZINSTRICKS

1 Limitierte Beträge. Manche Banken deckeln die Zinszahlung. Die in der Werbung vollmundig versprochenen Super-Zinsen gibt es dann z.B. nur für maximal 5 000 Euro. Wer mehr anlegt, bekommt für das Guthaben oberhalb der 5 000-Euro-Grenze nichts mehr.

2 Einmalzins. Oft bekommen Anleger bei Festgeld mit mehr als einem Jahr Laufzeit einmal im Jahr ihre Zinsen gutgeschrieben. Danach profitieren sie vom Zinseszinseffekt. Doch Vorsicht! Manche Institute zahlen die Zinsen am Ende von beispielsweise drei Jahren auf einmal aus – ohne den Zinseszins.

3 Kombiangebote. Manche Banken zahlen überdurchschnittlich hohe Zinsen für Tages-/ Festgeld nur, wenn Neukunden gleichzeitig bei ihnen ein Wertpapierdepot eröffnen und dort einen gemanagten Investmentfonds kaufen. Der muss aber nicht gut sein und passt vielleicht nicht zur Anlagestrategie. Und der Ausgabeaufschlag ist höher als der Zinsvorteil.

testens 20 Arbeitstagen vom jeweiligen Rettungsfonds ihr Guthaben zurückbekommen. Ist nicht genug Geld in dem Rettungsfonds, muss der jeweilige Staat für das geschuldete Geld geradestehen. Das Paar geht aber lieber auf Nummer sicher, weil es bei wirtschaftlich angeschlagenen Ländern länger dauern könnte oder schlimmstenfalls gar nicht funktioniert.

Cynthia und Hans vertrauen ausschließlich Anbietern mit der Rating-Note AAA oder AA, für „sehr sicher" oder „sicher", und ziehen unseren monatlichen Zinstest zurate. Unter test.de/zinsen finden sie nur Banken aus Ländern, die die Finanztest-Stabilitätskriterien erfüllen. Zins-Hopping kommt für das Paar jedoch nicht infrage. Sie versuchen, bei ein, zwei Banken zu bleiben, die kontinuierlich Zinsen für Festgeld über dem Marktniveau bieten, statt ständig die Bank zu wechseln, um wirklich die allerbesten Angebote abgreifen zu können. Außerdem müsste das Ehepaar dann immer wieder das sogenannte Identifizierungsverfahren neu durchlaufen und mit den Freistellungsaufträgen jonglieren. Das ist selbst dem Mathematiker und Zinsjäger Hans zu viel Aufwand.

Mehr zu Zinsen, Banken und Co. lesen Sie im Abschnitt „Den Banken kein Geldschenken", ab S. 130 sowie im Abschnitt „Das beste Depot für Sie" ab S. 134.

Geld auf mehrere ETF verteilen

Es müssen nicht nur Welt-Indizes sein. Anleger und Anlegerinnen können das Risiko noch weiter streuen – und auf nachhaltige Fonds setzen.

Nun bleiben den Schulzes noch 600 Euro übrig, die sie monatlich für den Renditebaustein in ihrem Pantoffel-Portfolio übrig haben. Bei diesem Baustein wollen sie nicht ihr ganzes Geld auf einen ETF setzen, obwohl das natürlich auch geht.

Sie wollen das Risiko auf mehrere ETF verteilen und dabei auch zumindest teilweise nachhaltige Angebote berücksichtigen. Darauf haben vor allem ihre Söhne gedrängt, die sich um das Weltklima sorgen. Deshalb will das Ehepaar auch einen Teil des Geldes in grüne Fonds investieren. Streng genommen ist das dann auch kein richtiges Pantoffel-Portfolio mehr, denn je mehr Fonds im Depot liegen, desto aufwendiger wird die Verwaltung. Doch Hans kümmert sich gerne. Wie sieht diese Strategie im Detail aus?

Der Klassiker: MSCI World

Der MSCI World gilt mittlerweile als Standardbarometer für Privatanleger. Dieser Index deckt einen Großteil der globalen Börsenwelt ab, da er der Kursentwicklung von etwa 1600 Aktien aus 23 Industrieländern folgt. In dem Aktienindex stecken außerdem Aktien aus den unterschiedlichsten Branchen von A wie Amazon bis V wie Volkswagen. Um den Aktienkorb zu berechnen, wird der Index nach dem Börsenwert der Unternehmen sortiert. Je wertvoller das Unternehmen ist, desto mehr Gewicht hat es im MSCI World und desto mehr kann es den Kurs des Weltindex beeinflussen. Das Gute daran: Der Index passt sich automatisch der Börsenentwicklung an, ohne dass Anleger etwas selbst tun müssen. So ist heute nicht mehr General Electric die Nummer eins im MSCI World, sondern Apple. Das Konzept überzeugt die Schulzes. 150 Euro pro Monat wandern deshalb in einen ETF auf den MSCI World.

Der Extragroße: MSCI World All Country

Noch breiter aufgestellt als der MSCI World ist der MSCI All Country World. Man könnte zu ihm auch sagen, das ist der „Wahre-Welt-Index". Er enthält neben den Titeln aus den 23 Industrieländern auch Aktien aus den Schwellenländern, wie zum Beispiel China oder Indien. Das Börsenbarometer umfasst deshalb 3000 Aktien aus 50 Ländern. Trotzdem ist das Gewicht der Schwellenländer in dem Index mit etwa 12 Prozent nicht allzu groß. In der Vergangenheit trug der Verzicht auf Schwellenländer (Emerging Markets) dazu bei, das Depot etwas stabiler aufzustellen. Der Grund: Gehen die Kurse an den Aktienbörsen weltweit nach unten, trifft dies meist schwerer die aufstrebenden Nationen. Andererseits verzichten Anlegerinnen und Anleger auf Renditechancen ohne die Schwellenländer.

Die Schulzes sind sich dieses Risikos bewusst, wollen sich die Chance auf den Renditekick jedoch nicht entgehen lassen. Deshalb stecken sie weitere 150 Euro in einen ETF auf den MSCI All Country World. Infrage käme aber genauso ein Investment in den Index FTSE All World, der auf rund 4000 Aktien aus knapp 50 Ländern setzt.

Der Grüne: MSCI World SRI Low Carbon

Die Schulzes denken aber auch an ihre Kinder, die ja, wenn alles gut läuft, das Geld aus ihrem Pantoffel-Portfolio erben sollen. Das Ehepaar will aber trotzdem breit investiert sein. Als einer der strengsten Indizes im Finanztest-Check erwies sich hierfür der MSCI World SRI Low Carbon Select 5% Issuer Capped. Die für nachhaltige Fonds häufig verwendete Buchstabenkombination SRI steht für Socially Responsible Investing, also „sozialverantwortliche Anlage". Dieser Index gilt als einer der strikteren globalen Nachhaltigkeitsindizes. Der Index beruht auf dem MSCI World. Wie der Name schon andeutet, ist das Gewicht einzelner Aktien

in dem Börsenbarometer auf fünf Prozent begrenzt, um das Risiko besser zu verteilen. Entscheidend ist aber, dass von den ursprünglich 1600 Unternehmen im Mutter-Index nur etwa 350 übrig geblieben sind.

Alle anderen Aktien sind ausgesiebt, weil die Unternehmen nicht nachhaltig genug arbeiten, schummeln oder die sozialen Kriterien nicht erfüllen. So finden sich in dem ETF keine Aktien von Unternehmen, die kontroverse Waffen wie Chemiewaffen oder Landminen herstellen. Auch Unternehmen, die mit Kohle Geld verdienen, sollen ausgeschlossen sein. Die Schulzes legen deshalb ebenfalls 150 Euro in einen ETF an, der dem MSCI World SRI Low Carbon folgt.

→ ESG — Was bedeutet das?

Die drei Buchstaben ESG stehen für:
E wie Environmental (Umwelt),
S wie Social (Soziales) und
G wie Governance (verantwortungsvolle Unternehmensführung).

Bei ESG geht es also nicht nur um den Schutz der Erde und die Rettung des Klimas, sondern auch zum Beispiel um Menschenrechte oder die Frage, ob ein Unternehmen Kinderarbeit hinnimmt. Viele Fonds, die als nachhaltig firmieren, tragen die Buchstabenkombination ESG im Namen. Doch oft ist nicht immer nachhaltig, was als solches wird. Finanztest hat deshalb die Nachhaltigkeit von Fonds bewertet und hilft so bei der Orientierung: test.de/nachhaltige-fonds.

Der Europa-Baustein

Die ersten 450 Euro der Schulzes wandern in Welt-Aktien-Indizes. Bei diesen Standardprodukten muss man wissen, dass weit mehr als 50 Prozent des Geldes in US-Aktien fließen. Dagegen kann man einwenden, dass die Vereinigten Staaten laut Weltbank nur für knapp 25 Prozent der weltweiten Wirtschaftsleistung stehen. Andererseits machen viele US-Unternehmen wie Apple, Netflix oder Amazon einen großen Teil ihres Umsatzes außerhalb der USA. Unser Musterpaar Schulze jedenfalls ist überzeugt, es wäre gut, in ihrem Depot noch zusätzlich stärker auf europäische Unternehmen zu setzen, die in den MSCI-Indizes im Vergleich zu den US-Aktien eher untergewichtet sind.

Das Ehepaar spart deshalb weitere 100 Euro in zwei ETF mit Anlageschwerpunkt Europa an. Davon fließen 50 Euro in einen ETF mit den europäischen Aktien im Stoxx Europe 600. Unter den europäischen Börsenbarometern ist dieser Index am breitesten aufgestellt. So enthält der Stoxx Europe 600 Titel der größten börsennotierten Firmen aus 17 Ländern Europas. Dazu zählen neben Staaten der Eurozone wie etwa Deutschland, Spanien, Frankreich, Italien oder den Niederlanden auch skandinavische Länder, Großbritannien sowie die Schweiz. Der Index ist also nicht auf den Euroraum beschränkt.

Weitere 50 Euro wollen die Schulzes auf einen nachhaltigen ETF für europäische Aktien setzen. Sie orientieren sich dabei an dem letzten Finanztest-Check vom September 2022. Die vier ETF mit der besten Nachhaltigkeitsbewertung (drei Punkte) waren:

- **Amundi MSCI Europe SRI** (Isin: LU1861137484)
- **BNP Easy MSCI Europe SRI S-Series PAB 5% Capped** (Isin: LU1753045332)
- **iShares MSCI Europe SRI** (Isin: IE00B52VJ196)
- **UBS MSCI Europe Socially Responsible** (Isin: LU2206597804)

Bevor sie sich für einen der ETF entscheiden, prüfen sie, ob dieser bei ihrem Discountbroker erhältlich ist und welche Kosten dafür anfallen würden. Denn kein Broker bietet alle ETF als Sparplan an.

Der spezielle Baustein

550 Euro pro Monat sind jetzt bereits verplant. 50 Euro haben Cynthia und Hans noch übrig. Damit wollen sie ein bisschen mehr riskieren und nicht nur auf den Welt-Durchschnitt oder die großen Europäer in der Wirtschaftswelt setzen. Mit ihren Söhnen haben sie abgesprochen, dass das Geld in einen nachhaltigen Fonds gehen soll.

Hans und Cynthia Schulze haben aber auch in Finanztest gelesen, dass ETF in Bezug auf Nachhaltigkeit nicht ganz so gut abschneiden wie gute gemanagte nachhaltige Fonds. Beim Kern ihres Aktieninvestments wollten sie trotzdem bei den kostengünstigeren nachhaltigen ETF bleiben. Bei den letzten 50 Euro machen sie aber eine Ausnahme. Sie entscheiden sich für einen gemanagten Fonds – trotz der höheren Kosten, denn sie hoffen, damit ihr Depot damit ein bisschen aufpeppen zu können und einen kleinen Zusatzkick in Sachen Rendite zu bekommen.

Finanztest hat im September 2022 einen neuen Testbericht veröffentlicht. Darin schneiden bei der Nachhaltigkeitsbewertung mit fünf von fünf möglichen Punkten die folgenden fünf Fonds am besten ab:

▸ **Ökovision Classic vom Anbieter Ökoworld** (Isin: LU 006 192 858 5)
▸ **Superior 6 Global Challenges von Security** (Isin: AT 000 0A0 AA7 8)
▸ **GLS Bank Aktienfonds von Universal** (Isin: DE 000 A1W 2CK 8)
▸ **terrAssisi Aktien I AMI von Ampega** (Isin: DE0009847343)
▸ **Steyler Fair Invest Equitites von Monega** (Isin: DE 000 A1J UVL 8).

Bevor Sie sich für einen der am besten bewerteten Fonds entscheiden, schauen die Schulzes auch hier zunächst, welchen der Fonds sie bei ihrem Direktbroker bekommen und wie hoch der Ausgabeaufschlag ausfällt. Dann entscheiden sie sich für einen der Fonds.

Natürlich handelt es sich bei der dargestellten Aufteilung nur um einen Vorschlag, wie unser Musterpaar seine Investition aufteilen könnte. Hans und Cynthia Schulze können die 600 Euro auch komplett in Weltindizes stecken, nur auf nachhaltige ETF setzen, auf den Europa-Baustein ganz verzichten oder zum Beispiel die letzten 50 Euro in einen (nachhaltigen) Themenfonds investieren.

> 66 **Themenfonds werden oft erst auf den Markt gebracht, wenn der Boom an der Börse schon vorbei ist.**

———

Solche speziellen Fonds setzen auf Zukunftsbranchen wie sauberes Wasser, Batterietechnik, Robotik, nachhaltige Ernährung oder künstliche Intelligenz (KI). Die Themenfonds gibt es auch als ETF-Variante. Häufig werden hierbei speziellere Aktienindizes nachgebildet, oft mit Unternehmen, die im Bereich erneuerbare Energien tätig sind.

→ Themenfonds

Bei Themenfonds schwanken die Kurse stärker, und das Risiko, Geld zu verlieren, ist höher, weil nur ein spezielles Marktsegment abgedeckt wird. Dafür sind höhere Renditen möglich, wenn die Wette auf die Zukunft aufgeht. Außerdem gibt es bei den Themenfonds ein Grundsatzproblem: Oft werden sie erst auf den Markt gebracht, wenn der Boom an der Börse schon vorbei ist und die Kurse so hoch sind, dass die Unternehmen im Fonds überbewertet sind. Setzt sich diese Erkenntnis am Markt durch, kommt es zu einem Kurssturz. Anlegerinnen und Anleger, die mit einer einmaligen Anlage auf dem Höhepunkt des Booms eingestiegen sind, müssen dann unter Umständen jahrelange Verluste hinnehmen. Cynthia und Hans ist solch ein Investment zu riskant, sie setzen lieber auf einen breit diversifizierten Nachhaltigkeitsfonds mit der Finanztest-Bestnote (siehe S. 112).

Studie belegt: Man kann auch nachhaltig gut investieren

Wer sein Geld nachhaltig anlegen will, muss sich nicht mit weniger Rendite begnügen. Bereits 2015 sichteten Ökonomen mehr als 2 000 Untersuchungen zur nachhaltigen Geldanlage. 90 Prozent der Studien zeigten, dass die ESG-Kriterien (siehe S. 110) sich auf die Wertentwicklung nicht oder sogar positiv auswirken.

Global anlegende Fonds, die als nachhaltig klassifiziert sind, erwirtschafteten laut dem Analysehaus Scope in den vergangenen zehn Jahren sogar einen halben Prozentpunkt mehr Rendite.

Scope zufolge verzeichneten nachhaltige Aktienfonds zu Beginn der Corona-Pandemie im ersten Quartal 2020 auch geringere maximale Verluste als herkömmliche Aktienfonds. Der Grund: Nachhaltig orientierte Anleger haben ein geringeres Risiko, wenn ihr Geld in Aktien von Unternehmen fließt, die in neuen und attraktiven Geschäftsfeldern der Zukunft aktiv sind. Hinzu kommt: Unternehmen, die mit ihrem Tun an der Zerstörung des Klimas beteiligt sind, haben ein Imageproblem, das drückt womöglich auf ihren Aktienkurs.

Fazit

Cynthia und Hans Schulze dürfte es problemlos gelingen, noch mehr aus dem eigenen Vermögen zu machen und die Erbschaft steuerlich zu optimieren. Gut, dass das Ehepaar sich dabei nicht selbst überschätzt und unnötig hohe Risiken eingeht.

Garantiert sicher vorsorgen

Wer nicht gut verdient, wenig oder nichts erbt und über kein Wohn-Eigentum verfügt, hat im Alter ein Problem. Die gesetzliche Rente allein wird nicht reichen, um den gewohnten Lebensstandard zu halten. Was also tun?

Menschen, die in Deutschland leben und arbeiten, wissen inzwischen sehr genau, wie wichtig die zusätzliche Vorsorge ist. Doch welche Möglichkeiten haben all diejenigen mit einem Durchschnittsverdienst?

Und was können Geringverdienende tun, die ohnehin sehr aufs Geld achten müssen? Wäre es dann zum Beispiel tatsächlich ratsam, sich für den Pflegefall zusätzlich abzusichern?

In diesem Kapitel können Sie den Planungsweg eines Ehepaares begleiten, das nicht viel verdient und eisern die Geldfresser aus dem Haushaltsbudget verbannt. Das Paar will geschickt die staatlichen und betrieblichen Zuschüsse zur Altersvorsorge und Geldanlage nutzen.

Außerdem zeigen wir ab S. 123, wie eine Single-Frau mit Eigentumswohnung und Durchschnittsverdienst ihre finanzielle Situation verbessern kann. Und wir verraten, wie es ihr gelingt, sich für den Pflegefall abzusichern und ihre Riester-Rente clever zu nutzen, um Immobilien-Schulden loszuwerden.

Clever betriebliche und staatliche Zuschüsse sichern

Die Webers haben mit kleinem Budget ihr Leben bisher zufrieden gemeistert. Ihr Plan: jetzt noch eine kleine Altersvorsorge aufbauen.

Brigitte und Tomek Weber, beide 53, gehören als Assistentin in einer Arztpraxis und Krankenpfleger zu den versteckten Helden des Alltags: Finanziell zahlt sich ihre wichtige Arbeit leider nur wenig aus. Tomek verdient 1900 Euro netto, Brigitte 1300 Euro netto. Tochter Julia (27) studiert noch und wohnt nicht mehr zu Hause. Dank etwas Bafög und Nebenjob ist sie für das Ehepaar keine große finanzielle Belastung mehr, auch wenn sie Julia jeden Monat 150 Euro überweisen. Diese Unterstützung ist aber als sogenannte außergewöhnliche Belastung steuerlich absetzbar, weil die Eltern kein Kindergeld mehr bekommen.

Webers wohnen in einer Dreizimmerwohnung zur Miete. Umziehen wollen sie nicht. Julias Kinderzimmer ist für sie und andere Besucher weiter nötig. Außerdem zahlt das Ehepaar wenig Miete, und ihre private Vermieterin hat ihnen schon jetzt versichert, dass sie im Alter keine drastischen Mieterhöhungen zu erwarten haben.

Dennoch haben die Webers Sorgen. Wie Millionen andere Menschen mit geringerem Verdienst treibt auch sie die Angst vor Altersarmut um – zu Recht. Sie haben zwar ununterbrochen mit Beginn ihrer Berufsausbildung Beiträge in die Rentenkasse gezahlt beziehungsweise von der Erziehungszeit profitiert. Doch große Renten sind nicht zu erwarten. Sollten sie es schaffen, bis zur regulären Altersgrenze von 67 zu arbeiten, käme Brigitte auf eine Rente von etwa 870 Euro brutto und Tomek auf eine von 1250 Euro brutto.

Deshalb ist es für das Ehepaar jetzt höchste Zeit, auf den letzten Metern bis zum Ruhestand noch etwas für die Altersvorsorge zu tun. Brigitte hat eine kleine private Rentenversicherung, die dank guter Konditionen aus Zeiten mit höheren Zinsen eine zusätzliche Rente von 70 Euro pro Monat garantiert. Tomek hat keine zusätzliche Altersvorsorge, auch keinen Riester-Vertrag, der sich jetzt in seinem Alter und wegen der niedrigen Zinsen auch nicht mehr lohnt. Nach einem Kassensturz und einem Gespräch mit einer Finanzfachfrau in der Verbraucherzentrale wissen sie nun, was sie alles tun können, um ihr Alterseinkommen wenigstens ein bisschen aufzupeppen.

Was Chefs drauflegen müssen

Thema Nummer eins ist dabei die betriebliche Altersversorgung. Tomek will von dem Zuschuss profitieren, den Arbeitgeber seit 2019 ihren Mitarbeitern und Mitarbeiterinnen gewähren müssen, die einen Teil ihres Gehalts mit der sogenannten Entgeltumwandlung für eine spätere Betriebsrente sparen. 100 Euro monatlich zahlt der Krankenpfleger Tomek selbst von seinem Bruttogehalt ein. Sein Arbeitgeber zahlt einen Zuschuss von 15 Prozent, so wie es gesetzlich vorgeschrieben ist. Die 15 Euro kommen also noch obendrauf. Von den 115 Euro, die monatlich in den Vertrag fließen, zahlt Tomek netto aber nur knapp 55 Euro selbst ein, da er auf den Bruttobeitrag keine Steuern und Sozialabgaben zahlen muss.

Der Nachteil: Durch die geringeren Einzahlungen in die Rentenversicherung erwirbt Tomek weniger Ansprüche auf seine spätere gesetzliche Rente. Der Vorteil: Er profitiert vom neuen Freibetrag bei der Betriebsrente, und der liegt derzeit bei 164,50 Euro monatlich. Er bekäme nämlich mit 67 eine garantierte Betriebsrente, die mit brutto 64 Euro weit darunter liegt, auch wenn noch Überschüsse des Versicherers dazukämen. Tomek wird später deshalb auf seine Betriebsrente keinen Beitrag zur gesetzlichen Kranken- und Pflegeversicherung zahlen müssen. Unterm Strich lohnt sich deshalb auch für ihn der späte Abschluss einer Betriebsrente, selbst wenn diese netto, also nach Abzug von Steuern, bei gut 50 Euro liegen und seine gesetzliche Rente netto um circa 12 Euro niedriger ausfallen dürfte.

Bevor Tomek loslegt, kontaktiert er das Personalbüro, um einen guten Anbieter für seine Betriebsrente zu finden. In Finanztest (9/2022) hat er den Test über Direktversicherungen gelesen, und das Ergebnis beeindruckt ihn: Demnach bekommt ein 27-jähriger Modellkunde, der monatlich bis zum Ruhestand 100 Euro einzahlt, mit 67 beim besten Anbieter eine garantierte Rente von 120,42 Euro im Monat. Beim schlechtesten Anbieter sind es nur 99,15 Euro. Mehr dazu unter test.de/betriebsrente.

Auch Brigitte will mit ihrem Arbeitgeber über ihre Betriebsrente sprechen. Als Geringverdienerin, mit einem Gehalt von unter 2 575 Euro brutto, profitiert sie von der Förderung von arbeitgeberfinanzierten Betriebsrenten. Der Förderbeitrag beträgt maximal 288 Euro im Jahr beziehungsweise 30 Prozent von maximal 960 Euro. Dieser wird dem Arbeitgeber im Wege der Verrechnung mit der von ihm abzuführenden Lohnsteuer gewährt. Beim Arbeitnehmer bleibt der zusätzliche Arbeitgeberbeitrag steuerfrei. Brigittes Chefin zahlt nun freiwillig monatlich 40 Euro in ihre betriebliche Altersvorsorge. Diese bekommt 12 Euro monatlich als staatlichen Zuschuss zurück. So erhält die Arzthelferin wenigstens eine minimale Betriebsrente, ohne selbst etwas zahlen zu müssen. Mehr zur betrieblichen Altersvorsorge lesen Sie unter test.de/BAV.

Vermögenswirksame Leistungen lohnen sich

Die Webers haben außerdem bislang eine wichtige Möglichkeit zur zusätzlichen Altersvorsorge übersehen. Tomek arbeitet ja in einer privat geführten Klinik und hat somit keinen Anspruch auf die Zusatzvorsorge im öffentlichen Dienst. Bislang hat er sein Recht auf Vermögenswirksame Leistungen (VL) verschenkt – wie Millionen andere Beschäftigte. Dabei hatte ihm die Personalabteilung signalisiert, dass er 6,65 Euro im Monat vom Arbeitgeber bekäme, wie es im öffentlichen Dienst laut Tarifvertrag üblich ist. Da Tomek bis zum regulären Eintrittsalter in die Rente mit 67 Jahren noch 14 Jahre arbeiten wird, schließt er einen VL-Vertrag ab. „Kleinvieh macht auch Mist", denkt er und geht dabei so vor: Die 6,65 Euro, die sein Arbeitgeber zahlt, stockt er aus eigener Tasche auf die vollen 40 Euro auf. Es ist die höchstmögliche Summe für einen VL-Vertrag, für den es die staatliche Arbeitnehmerzulage geben kann.

→ Arbeitnehmerzulage

Der Staat will die Vermögensbildung auch von Gering- und Durchschnittsverdienern fördern. Deshalb gibt es die Arbeitnehmerzulage für Vermögenswirksame Leistungen (VL). Geld vom Staat gibt es aber nur bis zu bestimmten Einkommensgrenzen. Diese liegen für Alleinstehende bei einem jährlich zu versteuernden Einkommen von bis zu 20 000 Euro. Für Ehepaare beziehungsweise zusammen Veranlagte wie unsere Musterfamilie Weber darf sich das maximale zu versteuernde Einkommen auf bis zu 40 000 Euro belaufen. Ein VL-Vertrag, mit dem in einen Aktienfonds/Aktien-ETF gespart wird, fördert der Staat bis zu einem jährlichen Sparbetrag von 400 beziehungsweise 800 Euro. Die staatliche Zulage beträgt 20 Prozent, also bis zu 80/160 Euro jährlich. Die Arbeitnehmer-Sparzulage ist beim zuständigen Finanzamt in der Einkommensteuererklärung zu beantragen. Bei geförderten Verträgen ist außerdem zu beachten: Sparer müssen ihren VL-Vertrag sechs Jahre lang bedienen. Hat der Sparer die Arbeitnehmer-Sparzulage in Anspruch genommen, liegt der Vertrag noch ein weiteres Jahr fest. Nach dem siebten Jahr, der sogenannten Sperrfrist, darf man über die gesamte Summe aus Einzahlungen, Erträgen und der Arbeitnehmer-Sparzulage verfügen.

VL in einen ETF-Sparplan einzahlen

Viele VL-Sparer und -Sparerinnen haben bislang die 40 Euro in Fonds gesteckt, bei denen Fondsmanager aktiv die Aktien heraussuchen, in die das Anlegergeld fließt. Der Fondsverband BVI nennt hier auf seiner

„Liste der aktiven angebotenen VL-Fonds" etwa 200 Angebote. Nachteil: Die Verwaltungs- und Managementkosten liegen meist zwischen 1,5 und zwei Prozent des Ersparten pro Jahr. Obendrauf kommt die Kaufgebühr, bekannt als Ausgabeaufschlag.

Tomek hat von der Verbraucherschützerin erfahren, dass inzwischen auch eine VL-Anlage mit den deutlich günstigeren ETF möglich ist. Dem Berater seiner Hausbank erteilt er deshalb eine Absage, denn der wollte ihm einen gemanagten Aktienfonds nahelegen. Für den hätte Tomek 3,75 Prozent Ausgabeaufschlag zahlen müssen. Das wären Monat für Monat 1,50 Euro gewesen, die für den Vertrieb draufgegangen wären. Tomek entscheidet sich lieber für einen ETF auf den Weltindex MSCI World (siehe S. 53). Nach diesem Produkt musste er aber eine Weile suchen: Die meisten Geldhäuser haben kein Interesse, VL-Verträge mit ETF in Wertpapierdepots zu verwalten. Einige wenige Banken und Finanzdienstleister sind zum Glück bereit, zu diesen zählen der Discountbroker Comdirect, Finvesto, die Fil Fondsbank, die Fondsplattform Envestor oder Oskar, ein digitaler Vermögensverwalter. Tomek muss nun viel geringere Gebühren zahlen als bei der Hausbank: Von den 40 Euro gehen gerade einmal 20 Cent für die Transaktionskosten drauf.

Wegen möglicher Verluste macht er sich keine Sorgen. Tomek weiß zwar, dass eine gute Wertentwicklung in früheren Jahren keine Garantie dafür ist, dass sich dieser positive Trend zukünftig wiederholt. Er weiß aber auch: Je länger man stetig in Aktienfonds anlegt, desto geringer die Gefahr, verlustreich verkaufen zu müssen. Außerdem kann ihn niemand zwingen, sich in einer miesen Zeit am Aktienmarkt oder zum Beispiel beim Renteneintritt mit 67 von den eigenen Fondsanteilen zu trennen.

Tomek plant, sich bis zur Rente in 14 Jahren die 40 Euro monatlich vom Gehalt abziehen zu lassen. Kommt es ausgerechnet dann zu einem Kursabsturz oder hat er bis dahin keine ordentlichen Kursgewinne erzielt, lässt er die Fondsanteile einfach im Depot und wartet auf bessere Zeiten. Er hat sich aber schon mal ausgerechnet, was aus den 40 Euro monatlich nach 14 Jahren werden könnte. Ergebnis: Bei einer jährlichen Rendite von drei Prozent und der Wiederanlage der Erträge käme er nach 14 Jahren auf 8 335 Euro, bei einer Rendite von 6 Prozent wären es immerhin schon 10 415 Euro. Besser als nichts, denkt sich Tomek.

→ Mit VL-Verträgen in deutsche Aktienfonds investieren?

Das hat der Fondsverband BVI analysiert. Er untersuchte dabei zwischen 1962 bis 2020 alle Sechs-Jahres-Perioden, also zum Beispiel von 1968 bis 1974, von 1998 bis 2004 oder nun von 2014 bis 2020. Das Ergebnis: In den untersuchten beinahe 60 Jahren kam nach sechs Jahren Vertragslauf-

Checkliste

Spartipps für den Alltag

Nicht genug Geld zum Sparen da? Vielleicht lässt sich was bei den Ausgaben drehen.

☐ **Versicherungen checken.** Vielen Verbrauchern werden in Deutschland unnötige Versicherungen verkauft, wie teure Unfallversicherungen oder Gepäck- und Glasversicherungen. Prüfen Sie auch, ob Sie bei der Kfz-Haftpflichtversicherung zu einem günstigeren Anbieter wechseln können oder ein Vollkasko-Schutz wirklich nötig ist: test.de/versicherungscheck.

☐ **Energiekosten reduzieren.** Einige Euro sind schon eingespart, wenn Geräte nicht im Stand-by-Modus laufen oder Lampen nur mit LED-Technik leuchten. Auch der Wechsel des Stromanbieters kann mehrere Hundert Euro im Jahr bringen: test.de/strom.

☐ **Teure Telefon- und Internetverträge loswerden.** Treue Kundinnen und Kunden zahlen in der Regel drauf. Gerade Familien haben oft mehrere Verträge beim selben Anbieter. Sie sollten deshalb ihre Verträge fristgerecht kündigen, um im Gespräch mit dem Provider zu schauen, was günstiger geht. Nicht selten sind Festnetzverträge unnötig, weil ohnehin fast nur das Handy zu Hause genutzt wird. Und: Wer Handy und Vertrag getrennt kauft, spart meist Geld. Mehr Informationen dazu finden Sie unter test.de/Thema/Telefontarife/.

☐ **Wasserverbrauch einschränken.** Die Ausgaben für warmes Wasser lassen sich oft erheblich reduzieren. Wie das geht, zeigt zum Beispiel der Duschrechner der Verbraucherzentrale-NRW: verbraucherzentrale. nrw/duschrechner.

☐ **Kleinigkeiten beachten.** Die Auswärtsverpflegung ist oft ein großer Geldfresser. Gute Einsparpotenziale: Mahlzeiten clever planen, Einkaufszettel schreiben, „Bückware" in den unteren Regalen prüfen. – Und: nicht mit knurrendem Magen einkaufen gehen.

☐ **Bankkosten senken.** Es gibt etwa 30 Banken, die kostenlose Girokonten anbieten. Vielleicht lohnt sich ein Bankwechsel: test.de/girokonto.

zeit (plus ein Jahr Vertragsruhezeit) nur in fünf Zeitabschnitten weniger heraus als die Gesamteinzahlung. Diese beläuft sich auf 2 880 Euro (40 Euro x zwölf Monate x sechs Jahre, plus ein Jahr Ruhezeit). Im Durchschnitt belief sich die jährliche Wertsteigerung auf 7,42 Prozent, 3 877 Euro trugen VL-Sparende so durchschnittlich zusammen, das sind fast 1 000 Euro mehr verglichen mit den 72 Einzahlungen à 40 Euro. Inklusive der Arbeitnehmersparzulage beträgt die Durchschnittsrendite sogar 10,38 Prozent pro Jahr. Die Sparzulage erhalten nur Geringverdiener. Heraus kommen dann 4 357 Euro. Die Erträge sind bei der Auszahlung allerdings zu versteuern. Denken Sie deshalb bei der VL-Anlage auch an Ihren Freistellungsauftrag (siehe S. 133).

Bei Tomek verringert sich nun durch seine Eigenbeiträge für die VL und die spätere Betriebsrente das, was netto monatlich bei ihm auf dem Gehaltszettel steht. Das Paar macht deshalb einen Kassensturz und prüft, wo sich Ausgaben ohne große Mühe vermeiden lassen, um mehr Geld zum Sparen zur Verfügung zu haben. Ihnen gelingt es zum Beispiel, durch den Wechsel des Kfz-Versicherers und bessere Verträge für Mobilfunk und Internet 50 Euro im Monat zusätzlich in der Haushaltskasse zu haben (siehe Checkliste links).

Bei der Pflege nachrechnen

Noch sind die Webers trotz ihrer schweren Arbeit fit, sie unternehmen lange Touren mit ihren Rädern im Umland – bislang ohne Elektroantrieb. Als Arbeitnehmer in der Gesundheitsbranche wissen sie: Das könnte nicht immer so bleiben. Und häusliche Pflege kann teuer werden. Das, was dann die gesetzliche Pflegeversicherung zahlen wird, dürfte nicht ausreichen, um die Kosten eines Pflegeheims zu decken.

2022 liegt der Eigenanteil für eine stationäre Pflege im Bundesdurchschnitt bei 2 125 Euro im Monat – am teuersten ist Nordrhein-Westfalen mit 2 496 Euro. Der Eigenanteil umfasst unter anderem Pflegekosten, Unterkunft und Verpflegung. Was das für die Webers bedeutet, hat das Paar schnell ausgerechnet: Müsste einer von ihnen stationär gepflegt werden – bei einem Eigenanteil von angenommen 2 000 Euro –, wäre für den anderen im Ruhestand kaum noch etwas zum Leben übrig. Das Ehepaar hat also viel zu wenig Geld, um das finanzielle Risiko eines Pflegefalls abzusichern. Helfen könnte eine private Pflegezusatzversicherung. Im Idealfall deckt sie die Zusatzkosten ab. Ist das sinnvoll?

Drei Gründe für ein Nein

Brigitte und Tomek prüfen nun, ob eine solche Pflegezusatz-Police für sie infrage käme. Sie sind noch nicht über 60, sonst würden sie sich sehr schwertun, einen Versicherer zu finden, der ihnen einen bezahlbaren

Schutz anbietet. Schließlich werden Beiträge nach Alter und Gesundheitszustand kalkuliert. Je älter und kränker jemand ist, umso teurer die Versicherung, oder es gibt gar keinen Schutz. Das Ehepaar entscheidet sich aber gegen eine Pflegetagegeldversicherung – vor allem aus drei Gründen:

1 Um sich vollständig abzusichern, müssten beide jeweils einen Vertrag abschließen, sonst wäre ja nur Brigitte oder nur Tomek versichert. Das aber macht die Sache noch teurer. In der letzten Finanztest-Untersuchung Anfang 2020 kostete der Beitrag zum Beispiel für einen 55-Jährigen monatlich zwischen 86 und 96 Euro. Mittlerweile haben mehrere Anbieter ihre Beiträge aber zum Teil deutlich erhöht. Rund 200 Euro im Monat auszugeben, das ist den Webers zu viel.

2 Generell können die Beiträge über die Zeit sehr stark steigen. Das liegt nicht zuletzt an den steigenden Kosten für die Pflege, am Zuwachs von Pflegefällen, an der höheren Lebenserwartung der Menschen und den niedrigen Zinsen an den Kapitalmärkten, mit denen auch die Versicherer zu kämpfen haben. Brigitte und Tomek ist dieses Risiko zu hoch. Bei Finanztest haben sie gelesen, dass ein solcher Schutz nur denjenigen empfohlen wird, die sich die Beiträge dauerhaft auch im Rentenalter leisten können. (Finanztest Ausgabe 3/2021)

3 Außerdem stört die Webers, dass die Leistungen einer privaten Pflegetagegeldversicherung womöglich zu niedrig ausfallen, um die Eigenanteile der Pflegeversorgung zu finanzieren. Wozu sollten sie möglicherweise über Jahrzehnte Beiträge zahlen, wenn sie dann doch Sozialhilfeleistungen beanspruchen müssen?

Die Rentenlücke stopfen

Statt einer Pflegezusatz-Police will das Ehepaar mehr tun, um sein Alterseinkommen aufzubessern und die Versorgungslücke im Ruhestand zu füllen. Im Pflegefall, das steht für die Webers nun fest, wollen sie lieber auf das wenige Ersparte zurückgreifen, soweit das überhaupt gehen wird.

Trotz ihrer geringen Gehälter haben es Brigitte und Tomek in den vergangenen Jahrzehnten geschafft, immer mal wieder etwas auf die hohe Kante zu legen. Bei ihrer Volksbank haben sie ein Depot mit 35 000 Euro in offensiven Mischfonds mit einem hohen Aktienanteil und als Notreserve 1 000 Euro auf dem Gemeinschaftskonto – zu wenig für unvorhergesehene Ausgaben. In ihrem Notfalltopf sollten mindestens zwei gemeinsame Monatsgehälter, also wenigstens 6 000 Euro sein.

Für ihr kleines Depot ist ein „Umzug" sinnvoll. Bei ihrer Volksbank zahlen Sie jedes Jahr eine Depotgebühr von 60 Euro. Diese Gebühr entfällt, wenn sie zu einem Discountbroker wechseln und ihre Wertpapiergeschäfte online abwickeln. Schon vor dem Bankwechsel verkaufen sie ihren Mischfonds. 10 000 Euro legen sie als Notfallreserve auf ein kostenloses Tagesgeldkonto.

Für das restliche Vermögen wünschen sich die Webers eine weniger risikobehaftete Anlage. Die Kursschwankungen ihres Mischfonds beunruhigten das Paar. Sie entscheiden sich deshalb für ein defensives Pantoffel-Portfolio mit einem Aktienanteil von 25 Prozent. Ergänzt wird das später mit der Auszahlung der Vermögenswirksamen Leistungen. Daraus können sie sich später bei Bedarf eine Pantoffel-Rente auszahlen lassen (siehe S. 56). Aber ihnen ist auch klar: Müsste einer ins Heim, wäre das Geld sehr schnell weg.

Für alle Fälle hat Brigitte noch einen Notfall-Plan: Sie kann sich sehr gut vorstellen, später in der Arztpraxis als Minijobberin zu arbeiten, wenn sie als Rentnerin dann noch fit ist. Erfahrene Arbeitskräfte sind dort dringend gesucht. Das Geld, bis zu 450 Euro, ab dem 1. Oktober 2022 sind es maximal 520 Euro im Monat, kann sie ohne Abzüge behalten. Damit könnte das Ehepaar sein Alterseinkommen noch einmal deutlich aufbessern.

Fazit

Mit ihren Möglichkeiten gelingt es Brigitte und Tomek immerhin, ihre Altersvorsorge geringfügig zu verbessern. Gerade wenn das Alterseinkommen schmal werden wird, ist jeder Euro wichtig.

Selbstbestimmt leben

Angelika Becker lebt als Single in der Großstadt. Kinder hat sie nicht. Sie will im Alter möglichst nicht ins Pflegeheim.

Angelika (52) lebt in Düsseldorf. Sie arbeitet in der Personalabteilung eines Konzerns und verdient netto etwa 3 000 Euro. Lange hat sie mit einem Partner zusammengelebt. Jetzt ist sie solo und will das auch erst einmal bleiben. Kinder hat sie nicht. Grund genug für sie, eine finanzielle Zwischenbilanz zu ziehen. Dabei wird schnell klar, dass sie für den Ruhestand gut vorgesorgt hat. Trotzdem plagt sie ein Problem: Sie hat Angst davor, im Alter pflegebedürftig zu werden und dann als Alleinstehende, die nicht auf familiäre Unterstützung hoffen kann, ihre Autonomie zu verlieren. Deshalb möchte sie komfortabel ausgestattet sein für den Fall, dass sie wirklich pflegebedürftig wird – und alles dafür tun, damit sie möglichst lange in ihrer eigenen Wohnung mit ihrer Katze bleiben kann.

Angelika hatte sich in jungen Jahren eine Eigentumswohnung gekauft. Die Dreizimmerwohnung kostete damals 150 000 Euro. Heute ist sie mehr als das Dreifache wert. Angelika hat ihre Schulden bereits fleißig abbezahlt. Nur noch 25 000 Euro sind offen, und in diesem Jahr läuft die Zinsbindung für ihren Immobilienkredit aus.

Das ist für sie eine gute Gelegenheit, um sich Gedanken über ihren Riester-Vertrag zu machen. Gleich zur Einführung der Riester-Rente 2002 hatte sie einen Riester-Banksparplan bei einer Sparkasse abgeschlossen. Damals gab es als Basiszins aus heutiger Sicht traumhafte 3,0 Prozent. Der Zinssatz war und ist allerdings variabel, was für Angelika die bittere Folge hat, dass der Vertrag derzeit überhaupt nicht verzinst wird. Sie hat sich außerdem darüber informiert, wie das einmal mit der Auszahlphase aussehen könnte. Hier sieht es aber gerade bei Banksparplänen schlecht aus. Die Angebote, die Sparerinnen und Sparer zum Renteneintritt bekommen, sind wegen der hohen Kosten und geringen Zinsen meist recht schlecht.

So fügt es sich gut, dass Angelika bereits 25 000 Euro in ihrem Riester-Vertrag angespart hat. Sie kann jetzt einen Sonderfall der komplizierten Riester-Regeln nutzen: Riester-Sparer und -Sparerinnen, die ein Eigenheim gekauft oder gebaut haben oder die es barrierefrei umbauen lassen wollen, können sich ihr Riester-Kapital bereits vor Rentenbeginn auszahlen lassen. Angelika nutzt diese Ausnahme und die 25 000 Euro, um ihre Restschulden abzubezahlen, die wegen des Wohnungskaufs auf ihr lasteten. Die Auszahlung beantragt sie bei der zentralen Zulagenstelle für Altersvermögen. Ohne deren Bescheid darf ein Riester-Anbieter das Geld nicht überweisen.

Wohn-Riester: Der Fiskus kassiert

So weit, so gut. Nur, den Riester-Vertrag ist Angelika damit nicht los. Sie muss das eingesetzte Kapital nachträglich versteuern, wenn sie im Ruhestand ist. Schließlich hat sie in der Einzahlphase von der staatlichen Förderung profitiert und mit ihren Beiträgen Steuern gespart. Dafür richtet die Zulagenstelle ein Wohn-Förderkonto ein. Darauf verzinst sie die fiktiven 25 000 Euro jedes Jahr mit 2 Prozent. – Mit 67 werden daraus etwa 33 600 Euro. Dann hat Angelika zwei Möglichkeiten: alles auf einen Schlag zu versteuern. Dann sind lediglich 70 Prozent des Betrags relevant. Oder sie versteuert den Betrag jährlich gleichmäßig bis zu ihrem 85 Lebensjahr. Wenn sie die Versteuerung auf einen Schlag in das erste Jahr ohne Arbeitsgehalt legt, ist das finanziell meist am attraktivsten. Gut ist auch: Als Rentnerin hat sie ein niedrigeres Einkommen als zu berufstätigen Zeiten. Dadurch ist ihr persönlicher Steuersatz nicht mehr so hoch.

Checkliste

Riester-Auszahlpläne

Was tun, wenn die Auszahlung des Riester-Vertrags näher rückt?

☐ **Rechtzeitig handeln.** Möglichst früh, am besten schon ein, zwei Jahre vorher den Versicherer fragen, wie hoch das angesparte Kapital ist und was an monatlicher Rentenzahlung zu erwarten ist.

☐ **Variante wählen.** Wer eine Riester-Rentenversicherung besitzt, bekommt vom Versicherer eine lebenslange Rente ausgezahlt. Diejenigen mit einem geförderten Bank- oder Fondssparplan dürfen hingegen zwischen zwei Varianten wählen: Sie können sich zunächst vom Anbieter eine Rente bis zum 85. Lebensjahr auszahlen lassen. Danach übernimmt ein Versicherer die Auszahlung. Dafür wird am Anfang des Ruhestands ein Teil des Riester-Guthabens abgezweigt. Oder sie entscheiden sich sofort bei Rentenbeginn dafür, dass eine private Rentenversicherung die Rente auszahlt. Beide Varianten sollten Sie sich anhand der Kosten und Höhe der garantierten Rente vorrechnen lassen und vergleichen. In beiden Fällen sind die Zahlungen lebenslang.

☐ **Teilauszahlung abwägen.** Riester-Rentner und -Rentnerinnen dürfen sich bei Rentenantritt 30 Prozent ihres ersparten Kapitals auszahlen lassen, ohne Förderung und Steuervorteile zu verlieren. Die einmalige Entnahme erhöht aber das Einkommen und damit den Steuersatz. Daher ist es ratsam, falls möglich, die Auszahlung ins erste Rentenjahr zu verschieben, wenn der Steuersatz meist geringer ist. Eine stetige Rentenzahlung ist hingegen vor allem für Sparerinnen und Sparer geeignet, die ihre gesetzliche Rente ein Leben lang aufstocken wollen. Wer alles im Topf lässt, womit das gesamte Guthaben in die Rente fließt, wettet auf ein langes eigenes Leben. Weitere Details zur Riester-Auszahlphase finden Sie im Internet unter test.de/riester-auszahlphase.

Nachdem sie nun endlich keine Darlehensrate mehr an die Bank zahlen muss, hat Angelika plötzlich jeden Monat zusätzlich Geld zur Verfügung, um sich bis zur Rente noch ein kleines Vermögen aufzubauen. Bisher hat sie nur 10 000 Euro als Notreserve auf einem Tagesgeldkonto. Ihr Hauptaugenmerk lag darauf, die Wohnung abzubezahlen. Dazu nutzte sie auch die Möglichkeit, Sondertilgungen zu leisten. Fürs langfristige Sparen fehlte ihr deshalb das Geld.

Ihr Alterseinkommen wird aus einer gesetzlichen Rente und einer Betriebsrente bestehen. Mit einer jährlichen Anpassung der gesetzlichen Rente von zwei Prozent wird sie bei Renteneintritt in 15 Jahren hochgerechnet 2 500 Euro netto zur Verfügung haben. Nicht allzu viel, findet Angelika, auch wenn sie keine Miete zahlen muss. Sie möchte deshalb etwas in einem Topf ansparen. Daraus kann sie sich mal bei Bedarf eine Zusatzrente zahlen oder Geld entnehmen, falls außerordentliche Renovierungskosten für das Fünf-Parteien-Haus anfallen, die auf die Eigentümer umgelegt werden. Was also tun mit den freien Mitteln?

Ein ETF-Sparplan hilft weiter

Eigentlich ist Angelika ein Fan von sicheren Banksparplänen, so wie beim Abschluss ihres Riester-Vertrags. Ihr leuchtet aber ein, dass das derzeit kein guter Weg zu einer zusätzlichen Altersvorsorge ist. Für einen Sparplan mit zehn Jahren Laufzeit gab es im Frühsommer 2022 allenfalls knapp ein Prozent Rendite. Zu wenig, findet die Angestellte. Also startet sie einen ETF-Sparplan und richtet sich ein Wertpapierdepot ein. Ihre Bankgeschäfte will sie künftig online erledigen, nachdem sie ihren Riester-Vertrag über die vorzeitige Auszahlung der 25 000 Euro bei der Sparkasse los ist.

Dabei richtet sie sich aber kein Pantoffel-Portfolio ein, denn sie hat ja schon einen Sicherheitsbaustein: ihre abbezahlte Wohnung. Angelika setzt deshalb auf ein extrem offensives Depot und legt 100 Prozent in einen Welt-Aktien-ETF an. Sie tüftelt einen Sparplan für die nächsten 15 Jahre bis zu ihrem Eintritt in den Ruhestand aus. Im Durchschnitt hätte sie für einen solchen Zeitraum in der Vergangenheit eine Rendite von mehr als acht Prozent bekommen. Angelika weiß allerdings, dass es keine Garantie dafür gibt, dass am Ende wirklich mehr da ist, als eingezahlt wurde, sie denkt dabei auch an die Kursverluste, die viele Bekannte von ihr 2022 in ihrem Wertpapierdepot hatten, nicht zuletzt infolge des Krieges in der Ukraine und des Anstiegs der Zinsen und der Inflation. Trotzdem will sie es wagen. Zur Not kann sie das Geld etwas länger liegen lassen. Für 20-Jahres-Zeiträume gab es in der Vergangenheit nie eine negative Rendite. Dabei käme eine Menge heraus: Angelika hat dank der nicht mehr fälligen Zins- und Tilgungsleistungen 500 Euro im Monat übrig: Bei einer Rendite von durchschnittlich 8 Prozent könnten so nach 15 Jahren immerhin fast 170 000 Euro vor Steuern herauskommen. Aber selbst wenn die jährliche Rendite vier Prozent betragen würde, könnten es immerhin noch fast 123 000 Euro vor Steuern sein.

Pflegetagegeld sichern

Außerdem baut die Angestellte in ihren Finanzplan noch einen weiteren Sicherheitsbaustein ein. Es geht ihr dabei um das Thema Pflege. Die 52-Jährige möchte unbedingt im Fall einer Pflegebedürftigkeit finanziell unabhängig bleiben. Ihr ist klar, dass die gesetzliche Pflegeversicherung die kompletten Kosten aber nicht decken kann. Die Gesamtkosten für einen Heimplatz beim höchsten Pflegegrad fünf können derzeit schon leicht 4 000 Euro im Monat betragen. Davon übernimmt die Pflegekasse derzeit 2 000 Euro. Für den Restbetrag von zum Beispiel 2 000 Euro müsste die Pflegebedürftige aufkommen.

Ob Angelikas Rente bei steigenden Heimkosten dafür einmal ausreichen wird, ist fraglich. Und ihre Immobilie will sie auf keinen Fall verkaufen, um Pflegekosten bezahlen zu können. Sie hat zwar keine Kinder, aber die Immobilie sollen einmal ihre Nichte und ihr Neffe erben, an denen sie sehr hängt. Deshalb möchte die Personalfachfrau zusätzlich privat vorsorgen. Bis Mitte 50 ist es noch einigermaßen bezahlbar, eine private Pflegezusatzversicherung abzuschließen, sofern keine schwere Erkrankung vorliegt. Menschen mit Vorerkrankungen können die Versicherer ab-

lehnen, oder es werden Risikozuschläge fällig. So eine private Pflegeversicherung kann sinnvoll sein, wenn Kunden sich sicher sind, die Beiträge in der Regel immer weiterzahlen zu können, oft sogar dann noch, wenn sie pflegebedürftig werden. Wichtig: Wer den Vertrag kündigt, verliert den Versicherungsschutz und bekommt vom eingezahlten Geld auch nichts zurück.

Angelika ist noch gesund und würde für eine Pflegetagegeldversicherung bei einem guten Versicherer laut einer Untersuchung von Finanztest (Stand: 2/2020) monatlich rund 90 Euro zahlen. Dafür erhält sie im Pflegefall je nach Pflegegrad Geld, von weniger als 100 Euro (Pflegegrad eins, ambulante Versorgung) bis gut 2 200 Euro (Pflegegrad 5, ambulante oder stationäre Versorgung). Über das Geld könnte sie frei verfügen, sowohl für stationäre als auch für die häusliche Pflege. So könnte sie einen ambulanten Dienst bezahlen und so lange wie möglich zu Hause wohnen bleiben. Sie hat bei ihrer Versicherung zudem die Möglichkeit, ihre Beiträge ohne erneute Risikoprüfung, also ohne dass ihr Gesundheitszustand noch einmal komplett durchgecheckt wird, zu erhöhen (Dynamik), um die Absicherung an steigende Pflegekosten anzupassen.

Fazit

Angelika hat sich eine würdige Pflegesituation fürs Alter gesichert, ihren Riester-Vertrag clever abgewickelt und sich eine Zusatzvorsorge fürs Alter aufgebaut.

Geldanlage sicher managen

Die einfachen Fragen sind oft die wichtigsten. So ist es auch bei der Geldanlage. Deshalb erklären wir Ihnen hier alles, was Sie wissen müssen, um Ihre eigene Anlagestrategie bestmöglich umzusetzen.

Sie haben sich mit den verschiedenen Möglichkeiten, ihren Vermögensturbo zu zünden, ausgiebig beschäftigt und wissen, welchen Weg sie einschlagen wollen, um finanziell in Zukunft optimal aufgestellt zu sein. Nun geht es an die Umsetzung. Und da können sich Fragen auftun, wenn Sie sich bisher noch nicht viel mit dem Thema Geldanlage befasst haben. Bei welchen Banken bekomme ich attraktive Zinsen? Wie eröffne ich ein Wertpapier-Depot? Wo finde ich die besten ETF? Worauf muss ich bei der Auswahl achten?

Viele Anlegerinnen und Anleger fühlen sich davon überfordert und befürchten, zu wenig zu wissen, um ihr Geld vernünftig anlegen zu können. Man muss aber kein Finanzexperte sein, um gute Zinsanlagen zu finden, Dividenden richtig zu versteuern oder um an den Vorteilen der Börse zu partizipieren. Finanztest hilft Ihnen dabei, die eigenen Finanzen erfolgreich zu managen. Das erforderliche praktische Rüstzeug, um Ihr Vermögen zu vermehren und möglichst reich in Rente zu gehen, finden Sie im folgenden Kapitel.

Den Banken kein Geld schenken

Die Zinswende ist da. Banken zahlen wieder mehr Geld für Erspartes. So profitieren Sie davon.

Es wurde auch langsam Zeit: Die Ära der Negativzinsen in Deutschland scheint tatsächlich zu Ende zu gehen. Mehr und mehr Kreditinstitute schaffen bereits im Sommer 2022 Negativzinsen ab, kündigten an, die sogenannten Verwahrentgelte zu streichen, oder sie erhöhten wenigstens die Freibeträge, oberhalb derer Kundinnen und Kunden die „Strafzinsen" zahlen müssen. Der Grund: Die Europäische Zentralbank (EZB) erhöhte am 21. Juli 2022 wie vorher angekündigt ihre Leitzinsen. Wenn Sie dieses Buch in der Hand halten oder als E-Book lesen, müssen Sie sich also vermutlich nicht mehr mit Negativzinsen herumschlagen – außer, Sie setzen darauf, die von Ihnen gezahlten Strafzinsen rückwirkend zurückzubekommen.

→ Gerichte entscheiden

Die Verbraucherzentrale Bundesverband lässt derzeit gerichtlich prüfen, ob Negativzinsen überhaupt zulässig sind. Anfang 2022 lagen bereits zwei Landgerichtsurteile vor (LG Düsseldorf, LG Berlin). Sie erklären die Verwahrentgelte für unzulässig. Die Urteile sind noch nicht rechtskräftig. Es gilt als wahrscheinlich, dass der Bundesgerichtshof irgendwann darüber grundsätzlich urteilen muss. Entscheidet der Bundesgerichtshof zugunsten der Verbraucherinnen und Verbraucher, könnte es passieren, dass Banken und Sparkassen ihnen rückwirkend Negativzinsen zurückzahlen müssen.

Mehr Zinsen herausholen – so geht's

Die Zinswende, die die Notenbanken ausgelöst haben, hat aber noch eine andere positive Wirkung: Es gibt wieder mehr Zinsen für Tages- und Festgeld. Vor allem die Zinsen für Guthaben auf Festgeldkonten sind im Sommer 2022 bereits kräftig gestiegen. Im historischen Vergleich sind sie zwar immer noch niedrig. Doch Zinsen zu kassieren ist immer noch besser, als Erspartes unter das Kopfkissen zu packen.

Nur: Guthaben auf Zinskonten verlieren bei einer Inflationsrate von um die acht Prozent – wie Mitte 2022 – an Wert, solange die Zinsen niedriger sind als die Teuerungsrate.

Beispiel: Eine Sparerin hat 50 000 Euro für ein Jahr fest angelegt, der Zinssatz beträgt 1,0 Prozent. Dafür bekommt sie ein Jahr später 500 Euro Zinsen. Schon bei einer Inflationsrate von drei Prozent würde die Kaufkraft ihres Geldes jedoch um 500 Euro sinken. Man spricht deshalb auch von negativen Realzinsen.

66 **Aufgrund seiner Geschichte fürchtet Deutschland sich mehr vor der Inflation als vor der Rezession. Im Rest der Welt ist das genau umgekehrt.**

George Soros, US-amerikanischer Multimilliardär

Umso wichtiger ist es, sich Anbieter herauszupicken, die kontinuierlich überdurchschnittlich gute Zinsen zahlen. Vergleichen lohnt sich: Bei einem größeren Vermögen können schon vermeintlich kleine Zinsunterschiede Hunderte Euro mehr – oder eben weniger – im Jahr ausmachen.

Bevor Sie sich als Sparer oder Sparerin auf die Suche nach einem geeigneten Anbieter machen, sollten Sie sich darüber klar werden, wonach Sie suchen.

Beim Tagesgeldkonto ist das angelegte Geld nicht für eine bestimmte Laufzeit festgeschrieben und somit täglich verfügbar. Sie können auch große Beträge ohne Vorankündigung einfach abbuchen, Vorschusszinsen wie beim Sparbuch mit gesetzlicher Kündigungsfrist sind nicht fällig. Der Zinssatz ist meist variabel. Die Banken dürfen ihn jederzeit senken oder erhöhen, es sei denn, es ist vereinbart, einen bestimmten Zins für einen bestimmten Zeitraum zu zahlen. Kontogebühren fallen in der Regel dabei nicht an. Überdurchschnittlich gute Angebote für Tagesgeld haben Direktbanken und ausländische Banken. Meist werden bei der Eröffnung des Kontos keine Mindestguthaben verlangt.

Beim Festgeldkonto hingegen zahlt die Bank normalerweise vorher fest vereinbarte Zinsen. Sowohl die Sparerinnen und Sparer als auch das Geldinstitut müssen sich dann an die festgelegte Laufzeit halten. Sie kommen also nicht vorher an Ihr Geld heran, auch wenn Sie es plötzlich brauchen sollten. Dafür gibt es etwas mehr Zinsen als auf dem Tagesgeldkonto. Das gilt insbesondere, wenn Sie bereit sind, Ihr Geld längerfristig anzulegen. Je länger die Laufzeit, desto höher der Zins. Häufig pochen die Anbieter bei der Eröffnung auf eine Mindestanlagesumme. Das können 500, 1 000 oder auch 5 000 Euro sein.

Wenn Sie nun Ihre Zinsanlage aufbauen, sollten Sie diese Faustregeln beachten:

▶ **Laufzeiten mischen.** Finanztest empfiehlt bei Zinsanlagen derzeit die Leiter-Strategie. Wenn Sie diese Methode beherzigen, legen Sie Ihr Geld gestaffelt an. Ein Teil wandert auf das Tagesgeldkonto. Dort sollte ohnehin eine Notfallreserve von zwei bis drei Netto-Monatsgehältern angespart sein. Weitere Beträge legen Sie als Festgeld zu unterschiedlichen Laufzeiten an, zum Beispiel 5 000 Euro für sechs Monate, 5 000 Euro für ein Jahr und weitere 5 000 Euro für zwei Jahre. Der große Vorteil: Das Geld ist zwar immer festgelegt. Aber falls die Zinsen steigen, können Sie davon nach sechs Monaten, nach einem Jahr und nach einem weiteren Jahr das Geld neu zu den dann besseren Konditionen anlegen. Letztlich geht es um eine Wette: Wenn Sie auch längere Laufzeiten beim Festgeld vereinbaren, zum Beispiel drei oder vier Jahre, bekommen Sie zwar ein paar Zehntel mehr Zinsen als für eine einjährige oder zweijährige Anlage, aber Sie müssen länger warten, bis Sie Ihr Geld zu dann vielleicht viel besseren Konditionen anlegen können.

▶ **Typfrage klären.** Wer es einfach mag, sucht beim Tagesgeld nicht ständig nach neuen Anbietern, sondern nach solchen, die ihre guten Konditionen regelmäßig anbieten. Finanztest kennzeichnet diese Konten mit dem Zusatz „dauerhaft gut". Diese landeten in den vergangenen zwei Jahren zuverlässig in der Spitzengruppe. Sie können auch Zins-Hopper werden, ob beim Tages- oder beim Festgeld. Dann müssten Sie

sich die Mühe machen, oft von Bank zu Bank zu wechseln, um sich stets den besten Anbieter herauszufischen.

▶ **Sicheres Angebot suchen.** Wer clever das beste Tages- oder Festgeld sucht, kann den Zinstest von Stiftung Warentest unter test.de/Zinsen nutzen. Dort finden Sie für Ihre individuelle Anlagesumme Anbieter mit den lukrativsten Zinsen. Wichtig zu wissen: Am sichersten ist Ihr Geld bei Banken, die einem deutschen Einlagensicherungssystem unterliegen. Die Einlagensicherung ist hierzulande höher als die Mindest-Einlagensicherung der EU-Staaten. Diese beläuft sich auf mindestens 100 000 Euro pro Geldinstitut und Sparer oder Sparerin. Im genannten Zinstest können Sie direkt auswählen, ob Sie für ein Zinsplus auch Anbieter unter dem Schirm ausländischer Einlagensicherungen trauen oder ob Sie nur Institute mit deutscher Einlagensicherung wollen. Wer die genaue Sicherungshöhe wissen will, kann sie mit dem Einlagensicherungsrechner unter test.de/festgeld ermitteln. In diesem Test wurden aber bewusst einige Banken mit guten Zinsen weggelassen. Der Grund: Diese Banken haben ihren Sitz durchweg in EU-Ländern mit schwacher Wirtschaftskraft. Hier ist es laut Finanztest nicht sicher, dass Sparende nach einer größeren Bankpleite innerhalb von sieben Werktagen – wie in der EU in den meisten

Ländern vorgeschrieben – wirklich entschädigt werden können.

▶ **Ausländische Banken filtern.** Überdurchschnittlich hohe Zinsen bieten vor allem ausländische Banken. Allerdings können Sparer bei den meisten ausländischen Anbietern nicht direkt ein Konto eröffnen. Stattdessen müssen sie dafür das Angebot von Zinsplattformen wie Weltsparen, Check24 oder Zinspilot nutzen. Wer das macht, bekommt ein Verrechnungskonto bei einer Partnerbank des Zinsportals. Von dort aus kann man das Geld zur Auslandsbank schieben und auf Zinsjagd gehen. Manche ausländische Bank trägt zwar einen exotischen Namen, unterhält aber eine eigene Tochtergesellschaft in Deutschland. Solche Institute wie ING, Santander Consumer Bank oder Oyak Anker Bank fallen deswegen unter die deutsche Einlagensicherung.

▶ **Details prüfen.** Checken Sie vor dem Anlegen den lästigen Kleinkram. Müssen Sie das Festgeld zum Ende der Laufzeit rechtzeitig formell kündigen? Verzinst die Bank bei Festgeld mit Laufzeiten von mehr als einem Jahr auch gutgeschriebene Zinsen, sodass Sie vom Zinseszinseffekt profitieren? Gilt der versprochene Zins nur bis zu einem bestimmten Höchstbetrag? Will die Bank mir in einem „Paket" gleich noch andere Produkte andrehen, wie Investmentfonds mit hohen Ausgabeaufschlägen?

▶ **Vertrag schließen.** Klicken Sie sich online durch die Anmeldebögen. Meist müssen Sie einen Vertrag einsenden und sich per Post- oder Videoident-Verfahren ausweisen und gegebenenfalls eine Probeüberweisung tätigen.

▶ **Geld überweisen.** Wollen Sie eine Summe auf einmal anlegen, überweisen Sie einfach den gewünschten Betrag auf das Tages- oder Festgeldkonto. Wollen Sie regelmäßig sparen, richten Sie per Dauerauftrag auf dem Girokonto einen Sparplan ein. Dann müssen Sie sich nicht immer wieder neu überwinden, das Geld anzulegen.

▶ **Steuern regeln.** Richten Sie im Online-Banking einen Freistellungsauftrag ein. Damit können Sie Zinserträge bis zu 801 Euro (Verheiratete: 1 602 Euro) steuerfrei kassieren. Diesen Betrag können Sie auch zwischen Wertpapierdepot und Zinskonten aufteilen. Ist bei einer Bank mit Sitz im Ausland kein Freistellungsauftrag möglich, müssen Sie die Zinserträge in Ihrer Steuererklärung (Anlage KAP) angeben. Eventuelle Abzüge können Sie sich dann vom Finanzamt zurückzuholen. Liegen die in der Anlage KAP ausgewiesenen, zum Teil aber per Freistellungsauftrag freigestellten Kapitalerträge inklusive Dividenden und realisierter Kursgewinne insgesamt über dem Freibetrag, berechnet das Finanzamt nachträglich den Steuerabzug.

Das beste Depot für Sie

Für einen ETF-Sparplan oder einen Aktienkauf brauchen Sie ein Wertpapierdepot. Dabei sollten Sie nicht nur auf die Kosten schauen, es sollte auch zu Ihren Bedürfnissen passen.

Wer einen Anbieter sucht, um seine Fonds und andere Wertpapiere zu verwalten, sollte nicht den nächstbesten nehmen. Hilfreich bei der Suche ist zunächst, sich ein paar wichtige Fragen zu stellen: Wie werde ich mein Depot nutzen? Welche Wertpapiere will ich kaufen? Welcher Anbieter bringt den besten und kostengünstigsten Service für meine Bedürfnisse? Anhand dieser Fragen können Sie einen Anbieter suchen. Im Prinzip sind drei Klassen zu unterscheiden: Smartphonedepot, klassisches Onlinedepot und Filialbankdepot.

Das Smartphonedepot

Wertpapiere handeln ganz ohne Kosten – das war bis vor Kurzem in Deutschland unmöglich. Inzwischen haben sich aber auch hierzulande die Smartphonebroker etabliert, wie zum Beispiel Trade Republic, Scalable Capital oder Justtrade. Sie werben mit dem Handel rund um die Uhr und der Möglichkeit, bequem per Handy einfach, schnell und zwischendurch mit Wertpapieren handeln zu können. Diese jungen Firmen verlangen keine Gebühren für die Depotführung. Und noch wichtiger: Sie wollen meist auch kein Geld von ihren Kunden für den Kauf und Verkauf von Wertpapieren. Den provisionsfreien Handel können sie anbieten, weil sie mit festen Handelsplattformen wie Gettex oder LS Exchange zusammenarbeiten und am Geschäft dieser Plattformen beteiligt sind. Denn Wertpapiere werden in der Regel mit einem Spread gehandelt, einer Spanne zwischen Kauf- und Verkaufspreis. Mit diesem Spread, der abends und frühmorgens deutlich höher ist als zu den Haupthandelszeiten werktags zwischen 9 Uhr und 17.30 Uhr, verdienen die Partnerbörsen Geld. Diese wiederum können an die Smartphone-Broker Rückvergütungen zahlen. Geeignet sind die Anbieter somit nicht zuletzt für junge Menschen, die am liebsten sowieso alles mit ihrem Smartphone erledigen, ein geringes Budget haben und dennoch an der Börse mitmischen wollen. Geldexperten warnen allerdings: Die Möglichkeit, Aktien und ETF quasi im Minutentakt kostenlos und ganz einfach umzuschichten, kann zum Zocken verleiten. Daraus könnte ein Suchtproblem erwachsen, ähnlich wie bei Online- und Glücksspielen. Hinzu kommt: Wer spekuliert, statt langfristig zu investieren, läuft Gefahr, Geld zu verlieren. Ein alter Börsenspruch lautet: „Hin und her macht Taschen leer."

Das klassische Onlinedepot

Schon lange auf dem Markt sind die klassischen Direktbanken wie Comdirect, Consors oder ING. Sie bieten meist eine kostenlose Depotführung an, das ist vor allem für langfristig orientierte Anleger und Anlegerinnen entscheidend: Die Kauf- und Verkaufskosten (die sogenannten Orderkosten) sind bei diesen Anbietern höher als bei den neuen Smartbrokern. Die Kosten fallen für konsequente Anhänger der Buy-and-Hold-Strategie (kaufen und lange liegen lassen) beziehungsweise unserer langfristigen Pantoffel-Strategie allerdings auch nicht mehr so stark ins Gewicht. Wer sich für eine etablierte Direktbank entscheidet, darf auch mit einem besseren Service rechnen, als dies bei den personell eher dünn besetzten Smartphone-Brokern möglich und üblich ist. Auch bieten die Direktbanken beim Handel mit den Wertpapieren mehr Möglichkeiten: Kundinnen und Kunden können zum Beispiel zwischen verschiedenen Handelsplätzen (Börsen) wählen und sich den günstigsten Handelsplatz herauspicken, wo die Kurse und die Kosten für die jeweilige Transaktion am günstigsten sind.

Das Depot von Filialbanken

Wer vor dem Kauf von Fonds oder Wertpapieren eine persönliche Beratung wünscht oder sich selbst den Handel nicht zutraut, sollte zu einer klassischen Filialbank gehen. Dort kostet allerdings nicht nur die Depotführung in der Regel Geld. Interessierte sollten auch wissen, dass „Beratung" in einer Filialbank oft „Verkauf" heißt. Das Personal in den Filialen ist in der Regel angehalten, Produkte der eigenen Bank oder Fondsgesellschaft zu verkaufen und für seinen Arbeitgeber Provisionen etwa in Form von Ausgabeaufschlägen zu generieren. Kunden und Kundinnen können sich aber auch bei Filialbanken einen Onlinezugang freischalten lassen und so bei ihren Orders, für die keine Beratung notwendig ist, Geld sparen.

So können Sie bei der Depotauswahl Kosten sparen

Wer sich für eine der drei Angebotsklassen entschieden hat, hat immer noch die Qual der Wahl: Die Kosten von Depotbanken zu vergleichen ist nämlich recht mühsam. Die Preismodelle sind kompliziert. Manche Anbieter arbeiten mit gestaffelten Preisen, manche erheben Kosten prozentual auf den Orderwert. Auch auf Mindest- und Höchstpreise sollten Anlegende achten. Und manchmal ist das Führen des Depots nur kostenlos, wenn bestimmte Bedingungen erfüllt sind, wie das Einrichten eines Sparplans, ein festgelegter Mindestbestand an Wertpapieren oder eine bestimmte Anzahl an Orders in einem Quartal. Man müsste also schon sehr genau rechnen, um herauszufinden, was bei einem normalen Nutzungsverhalten durchschnittlich pro Jahr zu bezahlen ist.

Finanztest hat deshalb im Dezember 2021 anhand von drei Muster-Depots mit unterschiedlichen Depotvermögen und Handelsumfang die Kosten verglichen. Das wenig überraschende Ergebnis: Online-Depots schneiden durchweg am besten ab. Wer die Gespräche in einer Filialbank nicht benötigt und seine Wertpapiere am PC oder über Smartphone selbst kauft und verkauft, kommt deutlich günstiger weg. Die Preisun-terschiede sind aber beträchtlich: Beim größten Modelldepot zum Beispiel, mit einem Volumen von 150 000 Euro in Wertpapieren, zahlen Kunden allein für die Verwahrung im günstigsten Fall gar nichts, im teuersten 375 Euro im Jahr. Die Kosten können sich im Laufe der Jahre auswachsen, erst recht, wenn die Fonds und Aktien im Depot im Wert stark steigen. Welche Anbieter welche Preise für welches Modell verlangen, können Sie in der Tabelle zu Depotkosten im Hilfe-Abschnitt ab S. 148 nachlesen.

Den richtigen ETF finden

Wer selbstständig regelmäßig in ETF anlegen will, muss kein Computerfreak sein. Es ist kinderleicht, hier unser Wegweiser.

Wenn Sie einen ETF-Sparplan für Ihr Pantoffel-Portfolio abschließen wollen, müssen Sie zunächst ein Wertpapierdepot eröffnet haben. Bei der Suche nach einem geeigneten Anbieter, der ihre ETF verwahrt, sollten Sie darauf achten, was ein Sparplan kostet. Das kann sehr unterschiedlich sein und auch davon abhängen, wie hoch Ihre Sparrate ist und ob Sie zum Beispiel je 50 Euro in vier verschiedene ETF anlegen oder 200 Euro oder 500 Euro in einen ETF. Viele Banken bieten auch kostenfreie ETF-Sparpläne an, dann aber meist nur für die Produkte von bestimmten ETF-Anbietern. Bei der Auswahl hilft Ihnen unsere Übersichtstabelle „Die Kosten für ETF-Sparpläne" ab S. 148 (Hilfe-Abschnitt), Am attraktivsten sind Geldinstitute, die möglichst viele kostenfreie ETF-Sparpläne und auch sonst im Vergleich günstige Konditionen für die von Ihnen präferierten Sparraten anbieten.

Steht das Depot, geht es an die Auswahl des ETFs, in den Sie investieren möchten. Wenn Sie sich ein Pantoffel-Portfolio aufbauen wollen, wissen Sie wahrscheinlich schon, dass Sie weltweit investieren werden. In der Regel kommt dafür einer der Welt-Indizes infrage, zum Beispiel der MSCI World Index. Damit ist aber noch nicht geklärt, welchen konkreten ETF Sie kaufen möchten. Es gibt eine Reihe von Anbietern, die ETF etwa auf den MSCI World anbieten. Bei Ihrer Entscheidung können Ihnen diese Faustregeln weiterhelfen.

▶ **Geeignet für Sparpläne.** Nicht jede Bank bietet jeden ETF als Sparplan an. Als Sparplan-Anleger müssen Sie deshalb zuerst klären, ob Ihr Direktbroker den ETF überhaupt in der Produktauswahl zur Verfügung hat und ob der ETF auch „sparplanfähig" ist, wie es im Fachjargon heißt.

▶ **Regelmäßige Erträge.** Wenn Sie langfristig etwa für die zusätzliche Altersvorsorge anlegen wollen, sind Sie gut beraten, Zinserträge und Dividendenzahlungen sich nicht auszahlen zu lassen, sondern sie gleich wieder anzulegen. Dann sollten Sie einen thesaurierenden Fonds wählen. Dabei werden die Erträge automatisch wiederangelegt, und Sie profitieren vom Zinseszinseffekt. Im Serviceteil in unserer Tabelle erkennen Sie die thesaurierenden ETF an dem Symbol T.

▶ **Nachbilden oder nicht.** Manche ETF-Anbieter kaufen die Wertpapiere aus dem Index (physische Replikation), andere bilden den Index künstlich nach, mithilfe eines Swaps (synthetische Replikation). Ein Swap ist ein Tauschgeschäft. Gekauft wurden dabei nicht oder nur zum Teil die Wertpapiere aus dem Index. Mit dem Swap wird dann die Wertentwicklung des ETF gegen die des Index getauscht. Tauschpartner ist meist die Mutterbank. Manchen Anlegern ist diese Tauschkonstruktion suspekt, sie wählen lieber einen physisch replizierenden ETF.

▶ **Euro oder US-Dollar.** Vielleicht ist Ihnen schon aufgefallen, dass als Fondswährung bei ETF US-Dollar oder Euro angegeben werden. Davon sollten Sie sich nicht irritieren lassen. Falls es sich um eine Fremdwährung handelt, wird für Sie ohnehin beim Verkauf oder Kauf in Euro umgerechnet. So entsteht Ihnen kein Wechselkursrisiko. Entscheidend ist vielmehr, welche Aktien oder Anleihen im ETF liegen. Beispiel: Im MSCI World werden die meisten der Papiere in US-Dollar gehandelt. Verändert sich der Wechselkurs, kann Ihr Vermögen im ETF deshalb steigen oder fallen.

▶ **Limit bei der Einmalzahlung.** Wenn Sie einmalig größere Summe in Fonds anlegen, wird es etwas komplizierter. In der Menü-Maske müssen Sie eine Stückzahl angeben. Damit legen Sie fest, wie viele Anteile Sie an dem Fonds kaufen wollen. Beispiel: Ein ETF wird mit einem Kurs von 50 Euro notiert. Sie wollen etwa 5 000 Euro investieren. Sie können also 100 Stück/100 Anteile kaufen

(5000 : 50). Allerdings ist diese Summe nicht fix. Im Detail hängt sie davon ab, wie hoch die Kaufgebühren sind, welchen Handelsplatz Sie wählen und welchen Kurs Sie bekommen. Entscheidend ist der Abrechnungskurs. Diesen kennen Sie vorher nicht. Sie können aber im Menü in der Regel sehen, mit welchen Ankaufs- und Verkaufskursen gerade gehandelt wird. Das heißt aber nicht, dass Ihre Transaktion zu einem Kurs in dieser Spanne abgerechnet wird. Beispielsweise könnte es sein, dass Sie Ihre Anteile zum Preis von 50,70 Euro bekommen, dann würden die 5000 Euro allerdings nicht reichen für 100 Anteile. Wenn Sie sicherstellen wollen, dass Sie keinen zu hohen Preis bezahlen, können Sie ein Limit setzen. Sie sollten sich dabei an den derzeit aktuellen Kursen orientieren. Sie können bei Börsenorders auch eine Obergrenze für den Kauf einziehen, um nicht Gefahr zu laufen, die gewünschten Anteile zu einem zu hohen Kurs und damit zu einem überhöhten Preis zu kaufen.

▶ **Hilfe bei der Auswahl.** Im Abschnitt „Hilfe" ab S. 148 finden Sie eine Tabelle mit den ETF, die Finanztest als „1. Wahl" ausgezeichnet hat. Es handelt sich dabei um börsennotierte Indexfonds, die den jeweiligen Markt in seiner ganzen Breite abbilden. Die Kriterien zu Auswahl und Bewertung finden Sie detailliert unter test.de/fonds, Rubrik „Das Fondsrating" von Finanztest".

Was ist mit der Steuer?

Wer Geld anlegt, kommt um das Thema Steuern nicht herum. Wir stellen Ihnen das Wichtigste in diesem Kapitel kurz vor.

Die erste Steuer ist die Kapitalertragsteuer. Sie beläuft sich auf 25 Prozent und ist zu zahlen auf Dividenden, Zinsen und Kursgewinne, die durch einen Verkauf des Wertpapiers realisiert wurden, also nicht nur als Buchgewinne im Depot ausgewiesen sind. Man spricht auch von der Abgeltungsteuer, wobei der Name Programm ist. Mit der Steuer ist die Steuerschuld abgegolten.

Die Abgeltungsteuer ist eine Quellensteuer, die direkt bei Ihren Einkünften abgezogen wird. Sie müssen sich nicht darum kümmern, das erledigt die Bank für Sie.

Beispiel: Eva (51) erzielt beim Verkauf eines ETF einen zu versteuernden Gewinn von 1000 Euro. Dabei ist bereits berücksichtigt, dass laut den 2018 geltenden neuen Steuerregeln für Fondsanleger bei Fonds, die fortlaufend mehr als 50 Prozent in Aktien anlegen, 30 Prozent der Ausschüttungen für Privatanleger steuerfrei sind. Das ist die „Teilfreistellung" (siehe test.de/fondsbesteuerung). Dann sind auf die 1000 Euro 25 Prozent Abgeltungsteuer, abzüglich des „pauschalen Sonderausgabenabzugs", fällig. Dieser wird gewährt, wenn Eva kirchensteuerpflichtig ist. Zu zahlen wären in diesem Fall deshalb nicht 250 Euro, sondern 244,50 Euro. Der zweite Steuerposten ist der Solidaritätszuschlag. Er ist zwar weitgehend abgeschafft. Der Solizuschlag in Höhe von 5,5 Prozent kommt aber weiter auf die zu zahlende Abgeltungsteuer drauf, das sind 13,75 Euro, ergibt eine Steuerlast von 257,95 Euro. Und dann ist da drittens noch die Kirchensteuer, und jetzt wird es ein bisschen kompliziert: Wird Abgeltungsteuer fällig und ist man wie Eva kirchensteuerpflichtig, muss man für Kapitalerträge auch Kirchensteuer zahlen. Diese wird wie der Solizuschlag auf die Abgeltungsteuer draufgeschlagen. In den meisten Bundesländern sind das neun Prozent, in Bayern und Baden-Württemberg acht Prozent. Bei der Berechnung der Steuerlast auf die Kapitalerträge wird, wie bereits ausgeführt, ein pauschaler Sonderausgabenabzug berücksichtigt. Für Eva, die kirchensteuerpflichtig ist, beläuft sich der Steuersatz deshalb nicht mehr auf 25 Prozent. Vielmehr ist er geringfügig geringer, er ermäßigt sich dann um 25 Prozent der auf die Kapitalerträge entfallenden Kirchensteuer. In unserem Beispiel vermindert sich dadurch die Abgeltungsteuer bei einem Kirchensteuersatz von neun Prozent auf 244,50 Euro. Der Solizuschlag kommt in Höhe von 5,5 Prozent aber weiter auf die zu zahlende Abgeltungsteuer obendrauf. Beläuft sich diese wie im Beispiel der kirchensteuerpflichtigen Eva auf 244,50 Euro, zieht die Bank wie gesagt insgesamt rund 257,95 Euro für den Fiskus ab. Die Abgeltungsteuer samt Solizuschlag beläuft sich somit auf 26,38 Prozent. Fehlt noch die Kirchensteuer. Sind 244,50 Euro Abgeltungsteuer fällig und zahlt Eva neun Prozent Kirchensteuer (wie in den meisten Bundesländern) fallen noch mal 22 Euro an. Macht zusammen mit dem Solizuschlag insgesamt (244,50 + 13,45 + 22) 279,95 Euro. Mit neun Prozent Kirchensteuer beläuft sich die gesamte Steuer auf die Kapitalerträge auf 27,99 Prozent, mit acht Prozent Kirchensteuer auf 27,82 Prozent.

Mit der Vorabpauschale rechnen

Vielleicht haben Sie es auch schon im elektronischen Postfach Ihres Wertpapierdepots entdeckt: eine Abrechnung über die sogenannte Vorabpauschale. Worum es dabei geht? Thesaurierende Fonds schütten die Erträge nicht aus, sie investieren sie wieder. Wer solche Fonds im Depot hat, egal ob es gemanagte Fonds oder ETF sind, muss mit der Vorabpauschale rechnen. Diese wird nicht direkt gezahlt. Vielmehr werden damit vorab und jährlich pauschale Steuern auf zukünftige Gewinne erhoben. Die Pauschale ermöglicht dem Finanzamt, eine Art Mindeststeuer auf den Betrag festzusetzen, den thesaurierende Fonds jährlich reinvestieren. So verdient das Finanzamt schon vorzeitig am Kursgewinn mit.

Der Fiskus schlägt damit quasi schon einmal im Voraus zu, obwohl Sie vielleicht erst in 15 Jahren Ihren Fonds mit dann hoffentlich schönen Kursgewinnen verkaufen wollen. Es handelt sich also um eine vorweggenommene Besteuerung künftiger Wertsteigerungen. Die gute Nachricht: Weder 2021 und 2022 noch 2023 werden Anlegerinnen und Anleger mit der Vorabpauschale zur Kasse gebeten. Das liegt am negativen Basiszins. Dieser wird von der Bundesbank veröffentlicht und ist für die Berechnung der Vorabpauschale maßgebend.

Wichtig zu wissen: Um Anleger nicht doppelt zu besteuern, zieht die Depotbank bei Fondsverkäufen die Summe der Vorwegpauschalen seit dem Kauf vom Veräußerungsgewinn ab. Jahre ohne Vorabpauschale verringern daher nicht den künftigen Veräußerungsgewinn.

Steuern vermeiden oder sparen

Es gibt einige gute Sparmöglichkeiten, Die wichtigsten Wege auf einen Blick:

▸ **Freistellungsauftrag.** Jeder Bürger hat Anspruch auf den Sparerpauschbetrag von 801 Euro/1 602 Euro (Ledige/Verheiratete). Die Ampel-Koalition will ihn auf 1 000 Euro/2 000 Euro erhöhen. Sie dürfen maximal über die Höhe des Pauschbetrags bei Ihrer Bank einen Freistellungsauftrag einreichen. Die Abgeltungsteuer wird dann nur für Kapitalerträge oberhalb der 801/1 602 Euro oder des von Ihnen angegebenen Betrags fällig. Haben Sie mehrere Bankverbindungen, sollten Sie die Freistellungsaufträge sorgsam aufteilen und unbedingt den Höchstbetrag einhalten, um keinen Ärger mit dem Finanzamt zu bekommen.

▸ **Nichtveranlagungsbescheinigung.** Wer weniger als derzeit 10 347 Euro (Grundfreibetrag) plus 36 Euro (Sonderausgaben-Pauschbetrag) plus Sparerpauschbetrag (801 Euro), insgesamt also 11 184 Euro im Jahr verdient, muss keine Steuern auf Kapitalerträge zahlen. Dazu müssen Sie beim Finanzamt eine Nichtveranlagungsbescheinigung (NV-Bescheinigung) beantragen. Ist das Papier bei Ihrer Bank eingereicht, wird keine Kapitalertragsteuer abgeführt. Infrage kommt das vor allem für Geringverdiener oder für Schülerinnen und Schüler, Studierende, Ruheständler mit keinem oder geringem Einkommen, die bereits größere Summen angespart haben. Auch für Kinder oder Enkel, die ein größeres Geldgeschenk erhalten und ein Juniorkonto oder Depot haben, kann die NV-Bescheinigung sinnvoll sein.

▶ **Günstigerprüfung.** Angenommen, Sie haben Abgeltungsteuer bezahlt, aber Ihr persönlicher Steuersatz liegt unter den 25 Prozent, dann sollten Sie auf jeden Fall Ihre Kapitalerträge freiwillig in Ihrer Steuererklärung in der Anlage KAP angeben. Der Sachbearbeiter des Finanzamts macht dann die „Günstigerprüfung". Liegen Sie unter den 25 Prozent, würden Sie zu viel gezahlte Steuer zurückbekommen. Falls Sie doch über der Grenze von 25 Prozent mit Ihrem Steuersatz liegen, bleibt es natürlich bei der Abgeltungsteuer von 25 Prozent.

▶ **Verluste verrechnen.** Haben Sie in einem Jahr etwa einen ETF mit Verlust verkauft, können Sie diesen mit realisierten Gewinnen verrechnen und der zu versteuernde Betrag sinkt. Sie können den Verlust auch fürs nächste Kalenderjahr aufheben und erst dann mit möglichen Gewinnen verrechnen. So drücken Sie ein Jahr später Ihre Steuerlast. Das funktioniert auch, wenn Sie Gewinne und Verluste auf verschiedenen Depots bei unterschiedlichen Banken haben. Notwendig ist dann eine Verlustbescheinigung fürs Finanzamt. Diese ist jeweils bis zum 15. Dezember zu beantragen.

So halten Sie Ihr Depot im Lot – auch in Crashzeiten

Auch ein Pantoffel-Portfolio kann in die roten Zahlen geraten. Dann heißt es: Ruhig bleiben und Nerven behalten. Anleger sollten aber einmal im Jahr ins Depot schauen.

An den Börsen gehen die Kurse immer mal wieder auf Talfahrt. Das mussten 2022 gerade junge Anlegerinnen und Anleger sowie besonders Käuferinnen und Käufer von Technologie-Aktien lernen, die sich vorher fast zwei Jahre lang über steigende Notierungen freuen konnten. Nun haben Investierende, die auf die Pantoffel-Strategie von Finanztest setzen, ein geringeres Risiko als Anleger, die nur Aktien kaufen – dank des Sicherheitsbausteins und dank ihres breit gestreuten Investments in Welt-

Aktien-ETF. Aber trotzdem kann es passieren, dass Sie vielleicht ein, zwei Jahre in ETF eingezahlt haben und Ihre Aktien-ETF nach einem Crash tief im Minus stehen. Dann sollten Sie auf jeden Fall die Nerven bewahren. Langfristig orientierte Anleger, die 10, 12 oder 15 Jahre mit einem breit gestreuten Pantoffel-Portfolio zurücklegen, sollten sich von einem Kursrutsch nicht beeindrucken lassen. Die Vergangenheit zeigt, dass sie mit so einem Depot spätestens nach einigen Jahren wieder in die Gewinnzone kommen. Deshalb nicht hektisch alles verkaufen! Buchverluste in Ihrem Depot werden erst dann zu Verlusten, wenn Sie die Papiere im Minus tatsächlich verkaufen.

Auch sollten Sie vermeiden, einen anderen Fehler in solchen Phasen zu machen: Nicht wenige Menschen neigen dazu, sich selbst zu überschätzen, vor allem nach Erfolgen an der Börse. Sie verkaufen in der Korrekturphase, in dem Glauben, wieder einsteigen zu können, wenn die Kurse noch tiefer gefallen sind.

66 Aktien kaufen und Schlaftabletten nehmen.

André Kostolany, Börseninvestor

Das ist eine gefährliche Strategie. Wer sprunghaft kauft und verkauft, geht ein hohes Risiko ein – vor allem, weil niemand weiß, wann der richtige Zeitpunkt zum Wiedereinstieg ist. Besser ist es, dem Kurseinbruch eine positive Seite abzugewinnen.

Auch die gibt es: In Krisenzeiten bekommen Sie nämlich für Ihre Sparrate mehr ETF-Anteile, weil der Kurs des ETF ja gesunken ist. Geht es langfristig nach oben, profitieren Sie davon, weil Sie ja in dieser Phase mehr Anteile für Ihre gleichbleibende Sparrate erwerben konnten.

So pflegen Sie Ihr Pantoffel-Portfolio

Wenn Sie Ihren Sparplan oder Ihre Sparpläne abgeschlossen haben und Ihr Pantoffel-Portfolio steht, können Sie sich zunächst einmal beglückwünschen, dass Sie angefangen haben zu sparen. Sie müssen jetzt nicht täglich die Börsenkurse verfolgen und Geschäftszahlen von Unternehmen studieren, deren Aktien in den von Ihnen ausgewählten ETF stecken. Was Sie aber tun sollten, ist, mindestens einmal im Jahr zu prüfen, ob Ihr Portfolio noch im Gleichgewicht ist.

Stimmt die Aufteilung, die Höhe des Aktienanteils noch mit Ihrer ursprünglichen Strategie überein? Passt das noch zu Ihrer Lebensplanung? Oder hat sich etwas Entscheidendes geändert, vielleicht, weil Sie geerbt, eine kräftige Gehaltserhöhung bekommen und Sie mehr Geld zum Investieren übrig haben? Wenn ja, dann sollten Sie Ihre Sparraten entsprechend anpassen oder Ihren Sparplan um zusätzliche ETF erweitern. Sie sind ja flexibel und nicht in einem festen Sparkorsett gefangen.

Abgesehen von diesen grundsätzlichen Überlegungen sollten Sie Ihr Depot auch immer dann nachjustieren, wenn es aus dem Gleichgewicht geraten ist. Dabei können Sie sich an der Zehn-Prozent-Marke orientieren. Das ist einfach zu merken und bedeutet: Nach Untersuchungen von Finanztest müssen Sie erst dann handeln, wenn die Zusammensetzung Ihrer Pantoffel-Anlage um mehr als zehn Prozentpunkte von der gewünschten Depot-Variante abweicht.

Zehn-Prozent-Marke hilft beim Orientieren

Beispiel: Sie haben sich für ein ausgewogenes Depot entschieden, das je zur Hälfte aus Zinsanlagen und Aktien-ETF besteht. Die Zehn-Prozent-Marke ist dann überschritten, wenn einer der beiden Depot-Bausteine ein Gewicht von 60 Prozent und mehr und der andere nur noch 40 Prozent und darunter hat. Bei einem Depot, das aus 25 Prozent Aktienfonds besteht, handeln Sie, wenn der Aktienanteil weniger als 15 Prozent oder mehr als 35 Prozent ausmacht. Beim offensiven Depot liegen die Grenzen für den Aktienanteil bei 65 Prozent und 85 Prozent.

Dieser Richtwert – eine Abweichung von zehn Prozentpunkten – ist aus zwei Gründen eine gute Marke: Wäre der Schwellenwert niedriger angesetzt, beispielsweise bei fünf Prozentpunkten, müssten Sie Ihr Depot viel häufiger umschichten. Das aber verursacht Kosten und drückt auf die Rendite. Ist der Schwellenwert hingegen zu hoch angesetzt, verpassen Sie womöglich gute Kaufgelegenheiten, nachdem die Kurse an den Börsen gefallen sind. Oder Sie gehen zu stark ins Risiko – wenn Ihr Depot statt 50 Prozent plötzlich einen Aktienanteil von 70 Prozent aufweist.

Das Depot wieder ins Gleichgewicht zu bringen ist jedenfalls ganz einfach: Sind die Aktien-ETF im Übergewicht, verkaufen Sie davon Anteile und stecken das Geld in Zinsanlagen. Sind die Zinsanlagen im Übergewicht, heben Sie Geld vom Tagesgeldkonto ab und kaufen ETF-Anteile nach. Bei laufenden Sparplänen und einem zu hoch gewachsenen Aktien-Anteil stoppen Sie für eine Weile die Sparrate für den Aktien-ETF und lenken mehr Geld in Zinsanlagen. Haben Sie die ursprünglich vorgesehene Aufteilung wieder erreicht, können Sie die alten Sparplanraten wieder aktivieren. Nachteil: Das kann mehrere Monate dauern, bis die Gewichtung wieder passt. Natürlich können Sie auch gar nichts tun und Ihren Sparplan einfach laufen lassen. Das empfehlen wir aber nicht. Denn steigt der Aktienanteil immer höher, wird auch das Risiko größer, bei einem Börseneinbruch plötzlich viel zu verlieren. Und wenn Sie zum Beispiel Fifty-Fifty-Anleger sind, würden Sie sich bestimmt auch nicht wohlfühlen, wenn der Aktienanteil Ihrer Pantoffel-Anlage auf einmal 70, 80 oder 90 Prozent betragen würde. Genau das kann jedoch passieren, wenn Sie nicht gegensteuern.

Die drei Rentenvarianten im Vergleich

Die flexiblen Modelle bieten die Chance auf steigende Entnahmen; beim Puffermodell ist überdies das Risiko, dass die Rente fällt, geringer. Es ist aber aufwendiger.

	Fixe Entnahme	Flexible Entnahme				Flexible Entnahme mit Puffer		
		Defensiv	Ausgewogen	Offensiv		Defensiv	Ausgewogen	Offensiv
Anfangs-rente (für 100 000 Euro, 30 Jahre Laufzeit)	278	278			Situation am Aktienmarkt	Abhängig davon, wie weit der Aktienmarkt unter seinem bisherigen Höchststand liegt		
					Bei Höchststand	273	268	264
					Bei 20 Prozent unter Höchststand	289	301	312
					Bei 60 Prozent unter Höchststand	370	463	555
Chance auf steigende Entnahmen	Keine [1]	Mittel	Hoch	Sehr hoch		Gering	Mittel	Hoch
Risiko, dass die monatliche Entnahme sinkt	Keines [2]	Mittel	Hoch	Sehr hoch		Sehr gering	Gering	Mittel
Aufwand zur Berechnung der Rentenhöhe	Sehr gering, einmalig	Gering, aber regelmäßig				Nur mit Rententabelle oder kostenlosem Online-Rechner der Stiftung Warentest möglich (test.de/pufferpantoffel)		

1) Allerdings Chance auf hohes Restvermögen am Ende der Laufzeit.
2) Allerdings besteht das Risiko, dass das Vermögen vorzeitig aufgebraucht ist.

So entnehmen Sie Geld aus Ihrem Depot

Irgendwann ist die Zeit der Ernte: Sie haben fleißig und regelmäßig gespart, wollen jetzt aber Geld aus Ihrem Pantoffel-Portfolio entnehmen. Nun mögen Sie vielleicht denken: Wo ist das Problem? Ich schiebe alles auf das Tagesgeldkonto und zahle mir dann eine Zusatzrente aus. Wer so denkt, unterschätzt aber den Zinseszinseffekt. Je mehr Geld längere Zeit Erträge abwirft, desto größer ist am Ende der Ertrag. Und das gilt auch für den Ruhestand, für den man mindestens 20 Jahre einkalkulieren sollte.

Deshalb ist es enorm wichtig, auch in der zweiten Lebenshälfte auf die Rendite zu schauen.

Beispiel: Sie haben 100 000 Euro angespart, geerbt oder aus einer Lebensversicherung bekommen und wollen davon monatlich 500 Euro entnehmen. Schlummert das Geld nun zinslos auf dem Tagesgeldkonto, wäre von der schönen Summe schon nach gut 16 Jahren nichts mehr übrig. Bei durchschnittlich zwei Prozent Zinsen pro Jahr reicht das Geld hingegen für 20 Jahre. Bei einer jährlichen Rendite von fünf Prozent wären es sogar mehr als 32 Jahre.

Wie hoch darf nun die Rate sein, die ich monatlich entnehme? Im Idealfall sollte die Zusatzrente möglichst hoch sein, lange reichen und möglichst stabil sein. Das Problem dabei: Das sind drei Ziele auf einmal, die sich gegenseitig widersprechen. Finanztest hat deshalb drei Methoden entwickelt, um die ideale Entnahmehöhe für den Auszahlplan zu bestimmen. Welche der drei Varianten dabei für Sie infrage kommt, hängt davon ab, welcher Anlegertyp Sie sind. Aber egal wie viel Risiko Sie sich noch zumuten wollen, wir empfehlen auch für die Auszahlungsphase ein Pantoffel-Portfolio mit einem Aktien-ETF-Anteil. Nur wenn Sie im Ruhestand Wert auf absolute Sicherheit legen, kommt die Pantoffel-Rente mit einem ETF-Anteil für Sie nicht in Betracht.

Die fixe Entnahme

Diese Variante ist besonders einfach, der Aufwand sehr gering: Sie teilen zunächst die Summe, die Sie auf der hohen Kante haben, durch Ihre vermutliche restliche Lebenserwartung. Dabei gehen Sie auf Nummer sicher: Wenn Sie zum Beispiel 60 Jahre alt sind, kalkulieren Sie nicht mit 20, sondern mit 30 weiteren Lebensjahren.

Beispiel: Sie haben 50 000 Euro gespart, geteilt durch 30, ergibt das 1 666 Euro pro Jahr. Geteilt durch 12, sind das im Monat rund 139 Euro. Das Geld überweisen Sie jeden Monat vom Tagesgeldkonto auf Ihr Girokonto. Dieses Modell kommt für besonders sicherheitsbewusste Sparer infrage, die ihr Geld dann gleich von der Börse abziehen und hundertprozentig sicher in Tages- und Festgeld anlegen wollen. Vorteil: Sie haben kein Risiko, dass Sie monatlich weniger Geld entnehmen können. Sie können auch ein Pantoffel-Portfolio wählen, haben aber da das Problem, dass entweder das Geld nicht bis zum Ende reicht oder am Ende zu viel übrig ist. Und mit dem Risiko, dass Ihr Geld wegen der Inflation an Kaufkraft verliert und Ihre Zusatzrente kaum steigt, wenn die Zinsen weiter so niedrig bleiben.

Die flexible Entnahme

Dabei setzen Sie weiter auf ein Pantoffel-Portfolio. Finanztest rät, mindestens ein Viertel oder die Hälfte der Anlagen weiter am Aktienmarkt arbeiten zu lassen. Denn Sie haben ja normalerweise noch viele Lebensjahre vor sich und können einen Kursrutsch an der Börse aussitzen. Die flexible Entnahme erfordert allerdings etwas mehr Zeit. Sie müssen nun in regelmäßigen Abständen, zum Beispiel einmal im Jahr, wenn Sie ohnehin Ihren Pantoffel-Mix überprüfen, das verbleibende Vermögen durch die noch übrige Auszahlzeit teilen. Wie viel Sie dann jeweils entnehmen können, hängt von der Börsenlage ab.

Vorteil: Läuft es an den internationalen Aktienmärkten gut, können Sie sich eine höhere Zusatzrente auszahlen. Nachteil: Läuft es schlecht, gibt es weniger. Das Geld entnehmen Sie in der Regel vom Tagesgeldkonto. Monatlich Aktien-ETF-Anteile zu verkaufen wäre viel zu aufwendig und kostet Gebühren. Sie müssen aber weiter darauf achten, dass Ihr Portfolio im gewünschten Gleichgewicht bleibt, und gegebenenfalls einmal im Jahr ETF-Anteile verkaufen, um Ihr Tagesgeldkonto wieder auf den gewünschten Anteil aufzustocken. Die Be-

rechnungen von Finanztest zeigen, dass für Anleger und Anlegerinnen bei einer flexiblen Entnahme auch bei unterschiedlichen Laufzeiten der durchschnittliche Auszahlbetrag höher ausfällt als bei einer fixen Entnahme. Außerdem haben Sie die Sicherheit, dass das Geld zum Ende der Auszahlphase wirklich aufgebraucht ist. Sie haben das Ersparte also maximal ausgekostet.

Egal ob Sie nun Ihre Auszahlungsphase bis zum 90. oder bis zum 95. Lebensjahr vorgesehen haben: Wir können uns gut vorstellen, dass Sie in hohem Alter keine Lust mehr haben, sich um Ihr Pantoffel-Portfolio zu kümmern. Dann können Sie fünf Jahre vor Ende der Auszahlungsphase Ihr Geld sicherheitshalber einfach aufs Tagesgeldkonto überweisen und zu einer fixen Entnahme übergehen. Es geht aber auch umgekehrt: Sie fühlen sich so fit, dass Sie Ihre Auszahlungszeit noch einmal um ein paar Jahre verlängern. Dann bekommen Sie länger eine Zusatzrente, doch diese wird mit den Jahren immer geringer ausfallen.

Die flexible Entnahme mit Puffer

Die flexible Entnahme hat eine Schattenseite. Gehen die Kurse an den Aktienmärkten kräftig nach unten, können Sie weniger jeden Monat aus Ihrem Pantoffel-Portfolio entnehmen. Damit fallende Kurse nicht automatisch für Sie weniger Rente bedeuten, hat Finanztest das Entnahmemodell „Flexibel mit Puffer" entwickelt. Diese Strategie hilft dabei, die monatliche Zusatzrente möglichst stabil zu halten. Wie hoch die Auszahlung ausfällt, hängt dabei von der Lage an den Börsen ab. Die Puffer-Rente ist allerdings recht aufwendig zu berechnen. Sie können das aber bequem trotzdem tun, wenn Sie unseren kostenlosen Rechner unter test.de/pufferpantoffel nutzen. Wir gehen dabei so vor:

- **Die Kurse an den Börsen sind auf Rekordhoch.** Dann rechnen wir mit dem Extremfall, dass der Markt schon morgen um bis zu 60 Prozent verlieren könnte. Also rechnen wir mit einem besonders großen Verlustpuffer. Sie können sich also nur eine geringere Zusatzrente auszahlen lassen, damit die Auszahlung langfristig stabil bleiben kann.
- **Die Kurse gehen nach dem Rekordhoch weiter nach oben.** Dann bleibt es bei dem Sicherheitspuffer in der maximalen Höhe. Trotzdem können Sie sich eine höhere Rente genehmigen, weil die Kurse und damit Ihr Gesamtvermögen in der Zwischenzeit ja gestiegen sind.
- **Die Kurse gehen nach dem Rekord nach unten.** Nun wird der Verlustpuffer verringert, weil der Abstand zu der Marke von minus 60 Prozent ebenfalls gefallen ist.
- **Die Kurse krachen nach unten.** Angenommen, an den Börsen gibt es wirklich einen Kursrutsch von 60 Prozent, dann gehen wir davon aus, dass die Kurse auch wieder nach oben gehen. Also

kalkulieren wir zunächst ohne Verlustpuffer. Legen die Kurse wieder zu, wird der Puffer wieder aufgebaut.

Zugegeben, das klingt recht kompliziert, aber mit dem Finanztest-Rechner ist es nicht allzu schwer, die Zusatzrente mit Verlustpuffer zu kalkulieren.

> 66 **Die Pufferrente ist weniger krisenanfällig und in der Summe auch noch größer.**

Die Berechnungen zeigen, dass in der Rückschau für einen 30-Jahreszeitraum die Auszahlungen mit dem Puffer-Modell von Finanztest in Krisen nur halb so stark fielen wie mit dem flexiblen Modell ohne Puffer. Hinzu kommt: Bei der flexiblen Entnahme mit Puffer ist in Rückrechnungen die durchschnittliche monatliche Rente höher als beim flexiblen Modell ohne Puffer. Die Pufferrente ist also weniger krisenanfällig und in der Summe auch noch größer.

Hilfe

Eine Auswahl der Besten: Diese ETF sind 1. Wahl

Anbieter	Index	Anmerkungen	Isin	Kosten (% p.a.)[1]
Welt-ETF mit Industrieländern				
Vanguard	FTSE Developed	A	IE00BKX55T58	0,12
HSBC	MSCI World	A	IE00B4X9L533	0,15
Invesco	MSCI World	T, S	IE00B60SX394	0,19
Xtrackers	MSCI World	T	IE00BJ0KDQ92	0,19
iShares	MSCI World	T	IE00B4L5Y983	0,20
Amundi Lyxor	MSCI World	A, S	FR0010315770	0,30
UBS	MSCI World	A	LU0340285161	0,30
Amundi	MSCI World	T, S	LU1681043599	0,38
Welt-ETF mit Industrie- und Schwellenländern				
iShares	MSCI All Country World (ACWI)	T	IE00B6R52259	0,20
Vanguard	FTSE All-World	T	IE00B3RBWM25	0,22
SPDR	MSCI ACWI Investable Market (IMI)	T	IE00B3YLTY66	0,40
SPDR	MSCI All Country World (ACWI)	T	IE00B44Z5B48	0,40
Amundi Lyxor	MSCI All Country World (ACWI)	T, S	LU1829220216	0,45

Anbieter	Index	Anmer-kungen	Isin	Kosten (% p.a.)[1]
Nachhaltige Welt-ETF mit Industrieländern				
Amundi	MSCI World SRI Filtered PAB	T	LU1861134382	0,18
Amundi Lyxor	MSCI World Select ESG Rating and Trend Leaders	T	LU1792117779	0,18
iShares	MSCI World SRI Select Reduced Fossil Fuels	T	IE00BYX2JD69	0,20
UBS	MSCI World SRI Low Carbon Select 5% Issuer Cap	A	LU0629459743	0,22
BNP	MSCI World SRI S-Series PAB 5% Cap	T	LU1291108642	0,25
Nachhaltige Welt-ETF mit Industrie- und Schwellenländern				
UBS	MSCI ACWI SRI Low Carbon Sel. 5% Issuer Cap	T	IE00BDR55471	0,28
Nachhaltig globale Schwellenländer-ETF				
Amundi	MSCI EM SRI Filtered PAB	T	LU1861138961	0,25
iShares	MSCI EM SRI Select Reduced Fossil Fuels	T	IE00BYVJRP78	0,25
UBS	MSCI EM SRI Low Carbon Sel. 5% Issuer Cap	A	LU1048313891	0,27

Sortierung nach Kosten. A = Ausschüttender Fonds, T = Thesaurierender Fonds. Dividenden der Fonds-Aktien werden wieder im Fonds angelegt. S = Swap-Fonds. Bildet den Index synthetisch nach. [1] Laufende Kosten wie in den „Wesentlichen Anlegerinformationen" (KIID). Quelle: ISS-FWW, Finanztest Stand: 31. Juli 2022. Mehr passende ETF finden Sie unter test.de/fonds.

Ohne Beratung sieht die Welt schon günstiger aus.

Wer regelmäßig Finanztest liest und selbst entscheidet, wann und an welcher Börse er kauft, spart viel Geld.

Anbieter und Depotname	Depot-eröffnung über Video-ident-Ver-fahren	Orderkosten (Provisionen der Bank, ohne Handelsplatzentgelte und Fremdspesen)			Kosten (Euro) für eine Wertpapierorder über die Börse Xetra mit	
		Preismodell[1]	Mindest-preis (Euro)	Höchst-preis (Euro)	2 500 Euro	6 000 Euro
Direktbanken/Onlinebroker						
1822direkt-Aktiv-Depot	j	0,25 % + 4,95 €	9,90	54,90	14,15	22,90
Comdirect Depot	j	0,25 % + 4,90 €	9,90	59,90	13,65	22,40
Consorsbank Depot	j	0,25 % + 4,95 €	9,95	69,00	12,70	21,45
Deutsche Bank Maxblue Depot	j	0,25 %	8,90	58,90	10,90	17,00
DKB-Broker	j	2 Preisstufen[2]	10,00	25,00	10,00	10,00
Flatex Depot[3]	j	Pauschale	5,90	5,90	5,90	5,90
Geno Broker Online Basis Modell[4]	j	0,25 %[5]	9,95	49,95	9,95	15,00
ING Direkt-Depot	j	0,25 % + 4,90 €	–	69,90	13,05	21,80
NIBC Direct Einfach-InvestDepot	j	0,25 % + 4,90 €	9,90	44,90	11,15	19,90
Onvista Bank Festpreis-Depot	j	Pauschale	5,00	5,00	7,00	7,00
S Broker Depot	j	0,25 % + 5,49 €	8,99	54,99	12,72	21,47
Smartbroker Depot[6]	j	Pauschale	5,00[7]	5,00[7]	5,00	5,00

einem Kurswert von ... (inkl. Handelsplatzentgelte) 12 000 Euro	Kleines Depot (12 000 Euro) mit 1 Order – Jahreskosten in Euro		Mittelgroßes Depot (50 000 Euro) mit 12 Orders – Jahreskosten in Euro		Großes Depot (150 000 Euro) mit 4 Orders – Jahreskosten in Euro		Angebot von ETF-Sparplänen
	Gesamt	davon Verwahrentgelte	Gesamt	davon Verwahrentgelte	Gesamt	davon Verwahrentgelte	
37,90	49	35	222	0	145	23	j
37,40	31	18	216	0	131	12	j
36,45	13	0	205	0	116	0	j
32,00	11	0	167	0	98	0	j
25,00	10	0	120	0	70	0	j
5,90	6	0	91	20	54	30	j
30,00	40	30	150	0	155	65	j
36,80	13	0	209	0	117	0	j
34,90	11	0	186	0	110	0	N
7,00	7	0	84	0	28	0	j
36,47	13	0	205	0	116	0	j
5,00	5	0	60	0	20	0	j

Anbieter und Depotname	Depot-eröffnung über Video-ident-Ver-fahren	Orderkosten (Provisionen der Bank, ohne Handelsplatzentgelte und Fremdspesen)			Kosten (Euro) für eine Wertpapierorder über die Börse Xetra mit	
		Preismodell[1]	Mindest-preis (Euro)	Höchst-preis (Euro)	2 500 Euro	6 000 Euro
Bundesweite Filialbanken – Konditionen für Onlinetransaktionen						
BBBank Depot	N	0,25 %	9,90	49,90	9,90	15,00
Commerzbank Direkt-depot	j	0,25 % + 4,90 €	9,90	–	11,15	19,90
Degussa Bank Broker-depot	j	0,40 %[8]	20,00	500,00	20,00	24,00
Deutsche Apotheker- und Ärztebank Apoklassik Depot	j	0,70 %[8]	10,00	–	17,50	42,00
Deutsche Bank db Privatdepot Comfort	N	1,00 %[8]	20,00	–	27,00	62,00
GLS Bank Depot	j	0,50 %[9]	15,00[10]	500,00	15,00[11]	30,00[11]
Hypovereinsbank HVB Depot Online	j	0,50 %[8]	20,00	–	23,50	33,50
Postbank Depot	N	6 Preisstufen[13]	9,95	69,95	17,95	39,95
Santander Consumer Bank Wertpapierdepot	j	0,20 %	7,90	29,90	7,90	12,00
Targobank Klassik-Depot/ Direkt-Depot	j	0,25 %	8,90	34,90	10,90	17,00

– = Entfällt. j = Ja. N = Nein.
Die Kostenangaben für das kleine, mittelgroße und große Depot sind kauf-männisch gerundet.

1) Die Prozentangaben beziehen sich auf das Ordervolumen, die Euro-Anga-ben sind zusätzliche Grundgebühren. 2) Ab einem Ordervolumen von 10 000 Euro gilt der höhere Preis. 3) Es wird ein Negativzins von 0,5 Prozent auf Gut-haben auf dem Verrechnungskonto erhoben. 4) Eröffnung nur für Girokonto-Inhaber einer genossenschaftlichen Bank möglich. 5) Im Preismodell Online Profi – ab 12 Orders im Jahr – kosten börsliche Orders 0,19 Prozent vom Kurswert.

einem Kurswert von ... (inkl. Handelsplatzentgelte) 12000 Euro	Kleines Depot (12000 Euro) mit 1 Order – Jahreskosten in Euro		Mittelgroßes Depot (50000 Euro) mit 12 Orders – Jahreskosten in Euro		Großes Depot (150000 Euro) mit 4 Orders – Jahreskosten in Euro		Angebot von ETF-Sparplänen
	Gesamt	davon Verwahrentgelte	Gesamt	davon Verwahrentgelte	Gesamt	davon Verwahrentgelte	
30,00	10	0	149	0	90	0	N
34,90	27	16	186	0	241	131	j
48,00	110	90	264	0	234	90	j
84,00	36	18	431	74	475	223	N
122,00	47	20	604	70	548	180	N
60,00[11]	89[12]	74	473[12]	143	479[12]	239	N
63,50	72	48	442	100	494	300	j
39,95	18	0	347	0	160	0	j
24,00	8	0	119	0	72	0	j
32,00	11	0	167	0	98	0	j

6) Ab einer Cashquote von 15 Prozent fällt ein Negativzins von 0,5 Prozent auf Guthaben an, das den 15-Prozent-Anteil übersteigt. 7) Für Wertpapierorders ab einem Volumen von 500 Euro fällt über Lang & Schwarz Exchange eine Pauschale von 1 Euro an, über Gettex erfolgt der Handel provisionsfrei. 8) Bei Anleihen betragen die prozentualen Kosten die Hälfte. 9) Bei Aktien und Zertifikaten 1,00 Prozent. 10) Mindestpreis bei Aktien und Zertifikaten 20 Euro. 11) Aktienorders sind in etwa doppelt so teuer.

12) Inklusive GLS Beitrag von jährlich 60 Euro. 13) Ab einem Ordervolumen von 1 200 Euro steigt der Preis.
Stand: 1. Juli 2022

Die Kosten für ETF-Sparpläne

Die Tabelle zeigt, was Banken und Broker für Depot und Sparplanausführung berechnen.
Aus Platzgründen führen wir hier nur Onlinedepots auf.

Anbieter und Depotmodell	Monatliche Mindestrate (Euro)	Sparplan-fähige ETF Insgesamt	Jährlicher Depotpreis für aktiven Sparplan (Euro und/oder Prozent)
Onlinedepots			
1822direkt-Aktiv-Depot	25	1 057	0,00 €
Comdirect Depot	25	908	0,00 €
Commerzbank Direktdepot	25	199	0,00 €
Consorsbank Wertpapierdepot	10	979	0,00 €
Deutsche Bank Maxblue	25	307	0,00 €
DKB-Broker [1]	50	948	0,00 €
DWS Depot Plus	1	306	45,00 €
Finanzen.net Zero Depot	25	516	0,00 €
Finvesto Depot Basis / Depot [2]	10	1 153	20,00 € / 36,00 € [3]
Flatex Depot [6]	25	1 393	0,00 € [7]
Geno Broker Genoplan Depot [8]	10	110	0,00 €
Hypovereinsbank Investmentdepot	25	650	0,00 € [9]
ING Direkt-Depot	1	824	0,00 €
Justtrade Depot [6]	25	102	0,00 €
Onvista Bank Festpreis Depot	50	116	0,00 €
Postbank Depot	25	156	0,00 €
Santander Consumer Bank Wertpapierdepot	25	1 234	0,00 €
S Broker DirektDepot	50	699	0,00 €
Scalable Capital Free Broker	1	ca. 1 950	0,00 €
Smartbroker Depot [10]	25	641	0,00 €
Targobank Direkt-Depot [11]	50 [11]	102	0,00 €
Trade Republic Depot	10	ca. 1 200	0,00 €
Onlinedepots bei Fondsbanken (über Fondsvermittler)			
Ebase Flex Basic / Flex Select / Flex Standard [12]	10	1 153	20,00 € / 36,00 € / 48,00 € [13]
FIL Fondsbank FFB Fondsdepot	25	846	0,25 % (mind. 25 € max. 50 € + 0,10 %[13])
Fondsdepot Bank Fondsdepot Online	25	915	30,00 €

1) Für die Depoteröffnung muss ein bankeigenes Girokonto eröffnet werden. 2) Im „Depot Basis" kann nur eine Depotposition geführt werden. Ab zwei Depotpositionen landet man im Depotmodell „Depot". 3) Der erste Wert gilt für das Depotmodell „Depot Basis", der zweite für das Depotmodell „Depot". 4) Bei Fonds, die nicht in Euro notieren, fallen zusätzliche Kosten für die Umrechnung in Euro an. 5) Die Berechnungen gelten für das Depotmodell „Depot Basis". 6) Guthaben auf dem Verrechnungskonto wird mit einem Negativzins von 0,5 Prozent p.a. belastet. 7) Für alle Depotpositionen außer Fonds und ETF fallen jährlich 0,10 Prozent des entsprechenden Depotvolumens an. 8) Bedingung für die Eröffnung eines Depots ist ein Girokonto bei einer genossenschaftlichen Bank. 9) Für die Positionen aus ETF-Sparplänen fallen keine Depotgebühren an. Enthält das Depot weitere Positionen aus Einmalanlagen, kostet das Depot mindestens 48,00 Euro jährlich. 10) Ab einer Cashquote von 15 Prozent fällt ein Negativzins von 0,5 Prozent p.a. auf Guthaben des Verrechnungskontos an, das den 15-Prozent-Anteil übersteigt.

Für eine langfristige Sparplan-Anlage bietet sich ein thesaurierender ETF an. Bei ausschüttenden Fonds ist die direkte Wiederanlage der Dividendenzahlungen empfehlenswert.

Reguläre Kosten pro Sparplanausführung (Euro und/oder Prozent)	Gesamte Jahreskosten (Prozent) für Depot und Sparplanausführung bei Monatsraten von …		
	50 Euro	200 Euro	500 Euro
1,50 % (1,50 € bis 14,90 €)	3	1,5	1,5
1,50 %	1,5	1,5	1,5
2.50 € + 0.25 %	5,25	1,5	0,75
1,50 %	1,5	1,5	1,5
1,25 %	1,25	1,25	1,25
1,50 €	3	0,75	0,3
0,00 €	7,5	1,88	0,75
0,00 €	0	0	0
0,20 %[4]	3,53[5]	1,03[5]	0.53[5]
0,00 €	0	0	0
0,95 €	1,9	0,48	0,19
1,50 %	1,5	1,5	1,5
0,00 €	0	0	0
0,00 €	0	0	0
1,00 €	2	0,5	0,2
0,90 €	1,8	0,45	0,18
0,85 €	1,7	0,43	0,17
0,00 €	2,5	2,5	2,5
0,00 €	0	0	0
0,20 %, mind. 0,80 €	1,6	0,4	0,2
2.50 % (1,50 € bis 3,00 €)	3	1,5	0,6
0,00 €	0	0	0
0,20 %[4]	3,53[14]	1,03[14]	0,53[14]
0,20 %[4]	4,42[15]	1,30[15]	0,67[15]
0,50 %[4, 16]	5,5	1,75	1

11) Der Kunde muss anstelle einer Sparrate eine bestimmte Stückzahl des gewünschten ETF wählen. Es wird am Ausführungstag des Sparplans die Stückzahl ETF gekauft, für die das vorhandene Guthaben ausreicht. 12) Im Depotmodell „Flex Basic" kann nur eine Depotposition verwahrt werden, bei zwei Depotpositionen landet man im Depotmodell „Flex Select", ab drei Positionen im Depotmodell „Flex Standard". 13) Der erste Wert gilt für das Depotmodell „Flex Basic", der zweite Wert für das Depotmodell „Flex Select" und der dritte Wert für das Depotmodell „Flex Standard". 14) Die Berechnungen gelten für das Depotmodell „Flex Basic". 15) Gesamtkosten hängen vom Volumen ab. Angegebene Jahreskosten basieren auf dem Mindestdepotpreis. 16) Bei unterstellten durchschnittlichen Zusatzkosten der Abwicklungsstelle (ATC) von 0,30 Prozent.   Stand: 1. Juli 2022 Gelb markiert sind die günstigsten Angebote.

Private Vorsorge: Steuern und Sozialabgaben

Je nach Art des Vorsorgevertrags müssen Rentner mit Steuern und Sozialabgaben in unterschiedlicher Höhe rechnen.

	Steuerpflicht	Beiträge zur GKV[1])[2])
Riester-Rente (auch über den Betrieb abgeschlossener Riester-Vertrag)	**Rente** und **Kapitalauszahlung** (bis zu 30 Prozent der Ersparnisse sind möglich): Beides ist voll steuerpflichtig. **Steuervorteil:** Für Riester-Zahlungen steht den Empfängern ab dem 64. Geburtstag der Altersentlastungsbetrag zu. Abfindungen aus Riester-Verträgen werden nach der „Fünftelregelung" etwas günstiger besteuert.	**Pflichtversicherte:** Keine Beiträge zur Kranken- und Pflegeversicherung. Freiwillig Versicherte: 14,6 Prozent der Leistung plus Zusatzbeitrag je nach Krankenkasse.
Rürup-Rente	**Rente:** Ein großer Teil der Auszahlung ist steuerpflichtig. Der Anteil steigt für Neurentner jährlich an. Bei Beginn der Auszahlung 2023 sind es 84 Prozent.	**Pflichtversicherte:** Keine Beiträge zur Kranken- und Pflegeversicherung. **Freiwillig Versicherte:** 14,6 Prozent der Leistung plus Zusatzbeitrag je nach Krankenkasse.
Betriebliche Altersvorsorge (Vertragsabschluss bis Ende 2004) Direktversicherungen, Pensionskassen und Pensionsfonds	**Renten:** Nur zum geringen Teil steuerpflichtig, wenn die Beiträge mit 20 Prozent pauschal oder komplett versteuert wurden. Der steuerpflichtige Anteil richtet sich nach dem Alter bei Auszahlungsbeginn. **Kapitalauszahlung:** Sie ist steuerfrei, wenn der Vertrag mindestens zwölf Jahre lief.	**Pflichtversicherte für Rente:** 14,6 Prozent der Leistung plus Zusatzbeitrag, allerdings nur für die Auszahlung oberhalb des Freibetrags von 164,50 Euro monatlich. **Pflichtversicherte für Kapitalauszahlung:** Auszahlung wird auf 120 Monate umgelegt. Für den Monatswert, der nach Abzug des Freibetrags von 164,50 Euro übrig bleibt, wird zehn Jahre lang der volle Krankenkassenbeitrag fällig.
Betriebliche Altersvorsorge (Vertragsabschluss seit 2005) Direktversicherungen, Pensionskassen und Pensionsfonds	**Renten** und **Kapitalauszahlungen** aus Verträgen, in die Arbeitnehmer steuerfreien Lohn oder Gehalt eingezahlt haben, sind voll steuerpflichtig. Rentner können aber vom Altersentlastungsbetrag profitieren, wenn sie zu Beginn des Steuerjahres mindestens 64 Jahre alt waren.	**Freiwillig Versicherte für Rente:** 14,6 Prozent der Leistung plus Zusatzbeitrag der eigenen Kasse. **Freiwillig Versicherte für Kapitalauszahlung:** Auszahlung wird auf 120 Monate umgelegt. Der Rentner zahlt zehn Jahre lang den vollen Krankenkassenbeitrag für den Monatswert.

1) Neben Beiträgen zur Krankenversicherung werden Beiträge zur Pflegeversicherung fällig. Der Beitragssatz beträgt 3,05 Prozent für Rentner mit Kindern und 3,3 Prozent für Kinderlose. Für Zahlungen aus betrieblicher Vorsorge gilt für pflichtversicherte Rentner eine Freigrenze von 164,50 Euro pro Monat. Höhere Auszahlungen sind komplett beitragspflichtig. 2) Freiwillig versicherte Rentner zahlen für mehr Einkommensarten, jedoch höchstens bis zur Beitragsbemessungsgrenze. Diese liegt 2022 bei 58 050 Euro im Jahr.

	Steuerpflicht	Beiträge zur GKV[1][2]
Betriebliche Altersvorsorge Unterstützungskasse und Direktzusage	**Werkspensionen** und **Kapitalauszahlungen** sind wie Arbeitslohn voll steuerpflichtig. Ab dem 63. Geburtstag können die Empfänger der Leistungen dafür den Versorgungsfreibetrag in Anspruch nehmen. Bei einer Kapitalauszahlung aus der Unterstützungskasse wendet das Finanzamt die „Fünftelregelung" an, sodass die Steuerbelastung etwas geringer ist.	**Pflichtversicherte für Pension:** 14,6 Prozent der Leistung plus Zusatzbeitrag, allerdings erst für den Wert der Auszahlung oberhalb des Freibetrags von 164,50 Euro monatlich. **Pflichtversicherte für Kapitalauszahlung:** Auszahlung wird auf 120 Monate umgelegt. Für den Monatswert, der nach Abzug des Freibetrags von 164,50 Euro übrig bleibt, wird zehn Jahre lang der volle Krankenkassenbeitrag fällig. **Freiwillig Versicherte für Pension:** 14,6 Prozent der Leistung plus Zusatzbeitrag. **Freiwillig Versicherte für Kapitalauszahlung:** Auszahlung wird auf 120 Monate umgelegt. Der Rentner zahlt zehn Jahre lang den vollen Krankenkassenbeitrag für den Monatswert.
Private Rentenversicherung (ohne staatliche Förderung) Vertragsabschluss bis 2004	**Renten:** Nur zum geringen Teil steuerpflichtig. Der Anteil richtet sich nach dem Alter bei Auszahlungsbeginn. **Kapitalauszahlung:** Die Kapitalerträge sind steuerfrei.	**Pflichtversicherte für Rente oder Kapitalauszahlung:** Keine Beiträge zur Kranken- und Pflegeversicherung. **Freiwillig Versicherte für Rente:** 14,0 Prozent der Leistung plus Zusatzbeitrag.
Private Rentenversicherung (ohne staatliche Förderung) Vertragsabschluss seit 2005	**Renten:** Nur zu einem geringen Anteil steuerpflichtig. Er richtet sich nach dem Alter bei Beginn der Auszahlung. **Kapitalauszahlungen** sind nach Abzug der gezahlten Beiträge voll steuerpflichtig. Es sei denn, der Vertrag lief mindestens zwölf Jahre und der Versicherte erhält sein Geld frühestens mit 60 beziehungsweise mit 62 Jahren bei Vertragsabschluss nach 2011. Dann ist nur die Hälfte der Erträge steuerpflichtig. Über den Sparerpauschbetrag (801/1 602 Euro/Jahr für Alleinstehende/Ehepaare) bleiben Kapitalerträge zum Teil steuerfrei.	**Freiwillig Versicherte für Kapitalauszahlung:** Die Auszahlung wird auf 120 Monate umgelegt. Der Rentner zahlt zehn Jahre lang 14,0 Prozent des Monatswerts sowie den Zusatzbeitrag je nach Krankenkasse.
Private Kapitallebensversicherung Vertragsabschluss seit 2005	**Kapitalleistungen** sind nach Abzug der gezahlten Beiträge voll steuerpflichtig. Es sei denn, die Versicherung lief mindestens zwölf Jahre und der Versicherte erhält sein Geld frühestens mit 60 beziehungsweise mit 62 Jahren bei Vertragsabschluss nach 2011. Dann ist nur die Hälfte der Erträge steuerpflichtig. Über den Sparerpauschbetrag (801/1602 Euro/Jahr für Alleinstehende/Ehepaare) bleiben Kapitalerträge teils steuerfrei.	**Pflichtversicherte:** Keine Beiträge zur Kranken- und Pflegeversicherung. **Freiwillig Versicherte:** Beitragspflichtig ist nur der Kapitalertrag. Dieser wird auf 12 Monate umgelegt. Der Rentner zahlt ein Jahr lang 14,0 Prozent des Monatswerts sowie den Zusatzbeitrag je nach Krankenkasse.

Stichwortverzeichnis

Die Stiftung Warentest wurde 1964 auf Beschluss des Deutschen Bundestages gegründet, um dem Verbraucher durch vergleichende Tests von Waren und Dienstleistungen eine unabhängige und objektive Unterstützung zu bieten.

Wir kaufen – anonym im Handel, nehmen Dienstleistungen verdeckt in Anspruch.

Wir testen – mit wissenschaftlichen Methoden in unabhängigen Instituten nach unseren Vorgaben.

Wir bewerten – von sehr gut bis mangelhaft, ausschließlich auf Basis der objektivierten Untersuchungsergebnisse.

Wir veröffentlichen – anzeigenfrei in unseren Büchern, den Zeitschriften test und Finanztest und im Internet unter www.test.de

Wir haben für dieses Buch 100 % Recyclingpapier und mineralölfreie Druckfarben verwendet. Stiftung Warentest druckt ausschließlich in Deutschland, weil hier hohe Umweltstandards gelten und kurze Transportwege für geringe CO_2-Emissionen sorgen. Auch die Weiterverarbeitung erfolgt ausschließlich in Deutschland.

Der Autor Thomas Öchsner war 23 Jahre lang als Redakteur in der Süddeutschen Zeitung (SZ) tätig. Zuletzt leitete er das Finanzteam in der Wirtschaftsredaktion. Seit Juni 2021 schreibt Öchsner als freier Journalist über Geldanlagen, Immobilien und Altersvorsorge. Außerdem ist er Redaktionsleiter des SZ-Magazins „GELD".

© 2022 Stiftung Warentest, Berlin

Stiftung Warentest
Lützowplatz 11–13
10785 Berlin
Telefon 0 30/26 31–0
Fax 0 30/26 31–25 25
www.test.de
email@stiftung-warentest.de

USt-IdNr.: DE136725570

Vorstand: Hubertus Primus
Weitere Mitglieder der Geschäftsleitung:
Dr. Holger Brackemann, Julia Bönisch, Daniel Gläser

Programmleitung: Niclas Dewitz

Autor: Thomas Öchsner

Projektleitung: Philipp Sperrle
Lektorat: Heike Plank
Korrektorat: Christoph Nettersheim, Nürnberg
Fachliche Unterstützung: Karin Baur, Bernd Brückmann, Marieke Einbrodt, Simeon Gentscheff, Thomas Krüger, Sophie Mecchia, Susanne Meunier, Stephanie Pallasch, Theodor Pischke, Jörg Sahr, Max Schmutzer, Yann Stoffel
Titelentwurf: Josephine Rank, Berlin
Layout: Büro Brendel, Berlin
Grafik, Satz: Anne-Katrin Körbi
Bildredaktion: Anne-Katrin Körbi
Bildnachweis: Gettyimages Vesnaandjic (Titel) Gettyimages: 8 Ezra Bailey; U4, 26, 46 Westend61; 66 Inside Creative House; U4, 3, 82 Wavebreakmedia; 98 Dean Mitchell; 114 Robert Daly; 128 Laurence Monneret

Produktion: Vera Göring
Verlagsherstellung: Rita Brosius (Ltg.), Romy Alig, Susanne Beeh
Litho: tiff.any, Berlin
Druck: DCM Druck Center Meckenheim GmbH

ISBN: 978-3-7471-0540-5